山东省革命文物图文大系

山东博物馆 编著

科学出版社
北京

图书在版编目（CIP）数据

山东省革命文物图文大系：全十卷 / 山东博物馆编著. -- 北京：科学出版社，2024. 12. -- ISBN 978-7-03-080020-6

Ⅰ. K871.62

中国国家版本馆CIP数据核字第2024SC9750号

责任编辑：张亚娜　樊　鑫／责任校对：张亚丹
责任印制：张　伟／书籍设计：北京美光设计制版有限公司

科学出版社 出版

北京东黄城根北街16号
邮政编码：100717
http://www.sciencep.com

北京华联印刷有限公司印刷
科学出版社发行　各地新华书店经销

*

2024年12月第　一　版　开本：889×1194　1/16
2024年12月第一次印刷　印张：123 3/4

字数：2 600 000

定价：3680.00元（全十卷）

（如有印装质量问题，我社负责调换）

分卷主编

第一卷	孙艳丽		第二卷	孙艳丽　贾依雪
第三卷	李婻　贾依雪		第四卷	杨秋雨
第五卷	杨秋雨　仪明源		第六卷	仪明源　于秋洁
第七卷	刘宁　张小松		第八卷	刘宁　怀培安
第九卷	怀培安　李婻		第十卷	张小松

撰写团队（按姓氏笔画排序）

卜鑫	于佳鑫	于法霖	于秋洁	于颖欣	万本善	马军	马静	马天成
马克凡	王美	王浩	王晶	王鹏	王睿	王小羽	王之信	王之谦
王丹青	王文红	王文博	王平云	王亚敏	王丽媛	王凯强	王思涵	王晓妮
王婀娜	王培栋	车悦	毛洪东	孔凡胜	卢绪乐	仪明源	冯明科	宁志刚
毕晓乐	曲菲	吕健	吕其林	任伟	任维娜	庄倩	刘宁	刘畅
刘凯	刘婧	刘长艳	刘军华	刘丽丽	刘树松	刘剑钊	刘逸忱	江海滨
许哲	许文迪	许盟刚	孙佳	孙颖	孙全利	孙利堂	孙纬陶	孙艳丽
苏琪	苏力为	杜晨英	李波	李婻	李媛	李婷	李兴栋	李克松
李国盛	李寅初	李博文	李晶晶	李景法	李献礼	杨坤	杨昊	杨燕
杨立民	杨亚昱	杨秋雨	杨靖楠	吴昊	谷淼	怀培安	宋松	宋卓远
张丹	张卡	张军	张媛	张璐	张小松	张世林	张有才	张秀民
张美玲	张晓文	张海燕	张淑敏	陈晓	陈鹏	陈孟继	林立东	昌筱敏
罗琦	罗永华	周宁	周光涛	周兴文	郑学富	郑德平	官春磊	项顼
赵金	赵文彬	赵均茹	赵皎琪	赵蓓蓓	郝明安	胡可佳	姜羽轩	姜晴雯
姚超	姚焕军	袁晓梅	聂惠哲	贾庆霞	贾依雪	贾婧恩	夏敏	徐艳
徐静	徐磊	徐晓方	徐赛凤	高丽娟	唐铭涓	黄巧梅	黄祖文	崔强
崔萌萌	康甲胜	阎虹	梁连江	梁新雅	董艺	董倩倩	韩晓燕	焦玉星
赖大邃	雷茜	蔡亚红	蔡运华	蔡言顺	薛喜来	穆允军	穆红梅	

学术顾问

邱从强　张艳芳　郑宁波　徐畅　崔华杰

审校

李婻　孙艳丽　怀培安　贾依雪

文物摄影

阮浩　周坤　赵蓓蓓　蔡启华

参加单位

★ 省直单位

山东博物馆　　　　　　　　　　中共山东省委党校（山东行政学院）图书和文化馆

山东省档案馆　　　　　　　　　　山东省图书馆

孔子博物馆　　　　　　　　　　山东大学图书馆

★ 济南市

济南市博物馆　　　　　　　　　　济南市章丘区博物馆

济南市济阳区博物馆　　　　　　济南革命烈士陵园（济南战役纪念馆）

济南市莱芜区博物馆　　　　　　中共山东早期历史纪念馆

★ 青岛市

青岛市博物馆　　　　　　　　　　青岛海关博物馆

青岛道路交通博物馆　　　　　　青岛市黄岛区博物馆

青岛市即墨区博物馆　　　　　　青岛市即墨区烈士陵园

青岛市档案馆　　　　　　　　　　青岛市革命烈士纪念馆

中共青岛党史纪念馆　　　　　　中国人民解放军海军博物馆

莱西市博物馆　　　　　　　　　　黄岛烈士陵园纪念馆

平度市博物馆　　　　　　　　　　平度市烈士陵园

胶州烈士纪念馆

★ 淄博市

淄博市博物馆　　　　　　　　　　淄博市焦裕禄纪念馆

淄博煤矿博物馆　　　　　　　　黑铁山抗日武装起义纪念馆

淄博市公安局　　　　　　　　　　桓台博物馆

高青县革命历史纪念馆　　　　　沂源博物馆

沂源县革命烈士陵园（革命历史纪念馆）

★ 枣庄市

枣庄市博物馆　　　　　　　　　　铁道游击队纪念馆

台儿庄区贺敬之文学馆　　　　　台儿庄革命烈士陵园（战史陈列馆）

★ 东营市

东营市历史博物馆　　　　　　　中共刘集支部旧址纪念馆

东营市垦利区博物馆（含渤海垦区革命纪念馆）

★ 烟台市

烟台市博物馆	烟台市牟平区博物馆
烟台北极星钟表文化博物馆	烟台市蓬莱区烈士陵园管理处
莱州市博物馆	地雷战纪念馆
龙口市博物馆	栖霞市牟氏庄园管理服务中心
招远市博物馆	

★ 潍坊市

潍坊市博物馆	潍坊市革命烈士陵园管理处
潍坊市寒亭区博物馆	青州市博物馆
昌邑市博物馆	寿光市博物馆
安丘市博物馆	潍县西方侨民集中营旧址博物馆

★ 济宁市

邹城博物馆	金乡县文物保护中心
嘉祥县烈士陵园烈士纪念馆	梁山县烈士陵园管理服务中心

★ 泰安市

泰安市博物馆	泰安徂徕山抗日武装起义博物馆
中共东平县工委纪念馆	东平县博物馆
肥城市档案馆	新泰市档案馆
新泰市博物馆	

★ 威海市

中国甲午战争博物院	天福山起义纪念馆
威海市博物馆	乳山市文物保护中心

★ 日照市

日照市岚山区博物馆	日照市抗日战争纪念馆
莒州博物馆	五莲县博物馆

★ 临沂市

临沂市博物馆	山东省政府和八路军115师司令部旧址
大青山胜利突围纪念馆	华东野战军总部旧址暨新四军军部旧址纪念馆
沂水县博物馆	沂水县云头峪村《大众日报》创刊地纪念馆
沂水县中共中央山东分局旧址	沂蒙红嫂纪念馆
沂蒙革命纪念馆	莒南县博物馆
孟良崮战役纪念馆	平邑县博物馆
鲁南革命烈士陵园	

★ 德州市

德州市博物馆	冀鲁边区革命纪念馆

★ 聊城市

孔繁森同志纪念馆	聊城中国运河文化博物馆
聊城市茌平区博物馆	聊城市茌平区档案馆
东阿县文物事业发展中心	东阿县文物管理所
运东地委革命纪念馆	临清市档案馆

★ 滨州市

滨州市博物馆	邹平市文物保护中心（邹平市博物馆）
滨州市滨城区文物保护修复中心（滨州市滨城区博物馆）	
渤海革命老区纪念园	博兴县博物馆
阳信县博物馆	

★ 菏泽市

菏泽市博物馆	菏泽市烈士陵园（菏泽市抗日纪念馆）
菏泽市定陶区博物馆	菏泽市定陶区档案馆
菏泽市定陶区烈士陵园	东明县博物馆（东明县文物保护中心）
巨野县博物馆	郓城县博物馆
中国鲁锦博物馆	冀鲁豫边区革命纪念馆
单县档案馆	曹县档案馆
成武县烈士陵园	成武县档案馆
鄄城县档案馆	

山东省
革命文物
图文大系

第七卷

刘 宁
张小松　主编

命运决战

解放战争时期

（上）

科学出版社

北京

前　言

　　抗日战争胜利后，中国共产党已经发展成为具有全国影响力的大党，经受长期战乱之苦后，中国人民渴望和平安定。基于对和平的真诚愿望和对局势的清醒认知，中共中央认为同国民党进行和平谈判是必要的，并为此付诸努力。但1946年6月26日，国民党撕毁停战协定和政协决议，大举围攻中原解放区，全面内战由此爆发。

　　解放战争时期是中国新民主主义革命取得全国性胜利的重要历史时期。这一时期，山东是北上南下的战略枢纽、解放战争的主要战场和华东战场的重要战略基地。在党中央领导下，山东党组织团结带领山东人民抓住重点、统筹兼顾，进行土地改革、支援前线和发展生产，支援人民解放军粉碎了国民党的军事进攻，为揭开战略进攻和战略决战的序幕作出了重要贡献。

目 录

第二章

土地改革
耕者有田

第三章

利剑出鞘
披荆斩棘

第一章

反对内战
争取和平

　　抗日战争胜利后，中国人民迫切希望和平、民主，建设一个新的中国。然而，国民党政府公然撕毁1945年10月10日的"双十协定"和1946年1月10日的停战协定。1946年下半年，国民党集中20万军队，沿胶济铁路东西两个方向向山东解放区进攻。1946年6月26日，国民党军队大举进攻中原解放区，全面内战爆发。

军调部中共驻青岛小组首席代表姚仲明致国民党青岛市市长李先良函

1946年
山东博物馆藏

信函共7页，系1946年8月20日姚仲明提交青岛国民党当局的备忘录。1946年1月，国民党在进攻解放区遭到惨败后，同共产党签订了停战协定，同时由共产党、国民党、美方人员组成军调部调解军事冲突。然而，3月国民党即撕毁协议，同时进一步迫害中共军调人员。8月20日，青岛地区第十五军调小组中共组长姚仲明，就同年7月17日军调小组组员遭特务辱打事件报告北平执行部。这份备忘录由姚仲明以函的形式提交国民党青岛市市长李先

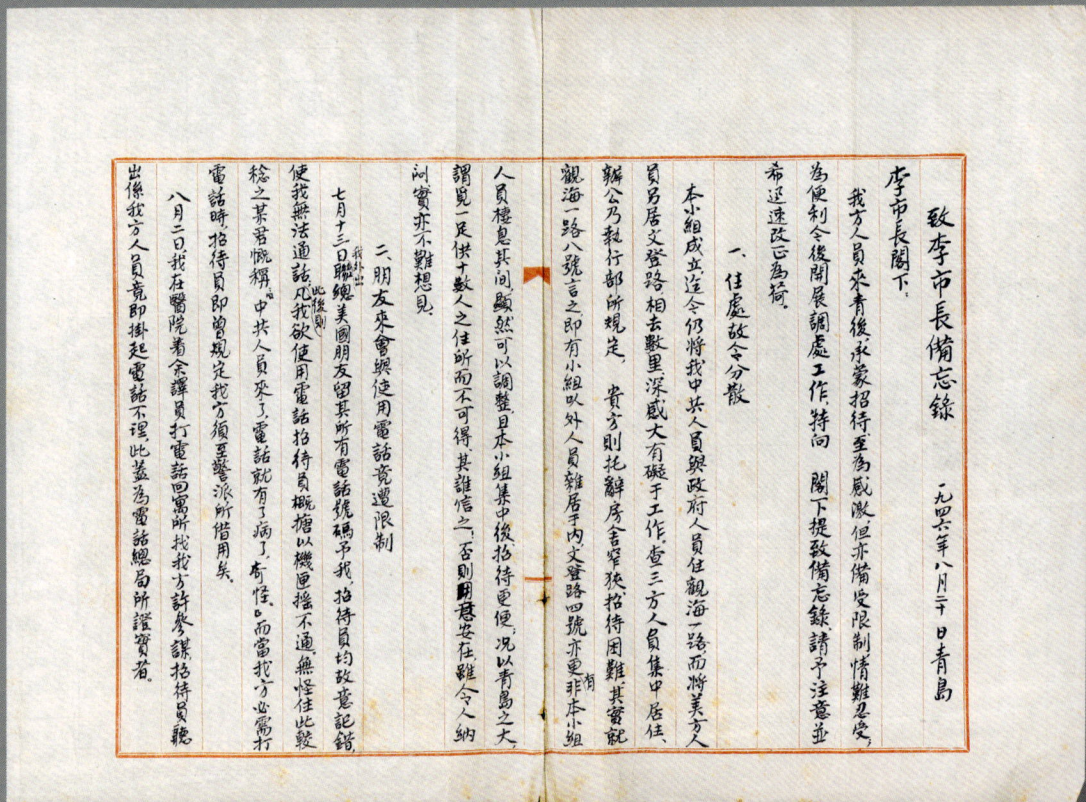

良，对中共小组驻青岛期间所遭受的一系列严苛的人身自由限制行为提出异议，督促李先良市长予以解决。信函中姚仲明重申中国共产党争取和平、避免内战的政治主张；列举国民党青岛当局破坏停战协定，破坏军调处工作，迫害中共调处人员的事实；揭露美蒋假和谈、真内战的阴谋，并与之进行了针锋相对的斗争。

军事调处执行部简称军调部。1945年12月，美国政府派马歇尔来中国"调解国共军事冲突"。

1946年1月10日，国民党政府代表和中国共产党代表签订停战协定，由国民党、共产党和美国代表各一人在北平（今北京）成立军事调处执行部，下设若干执行小组，分赴各军事冲突地点进行调解。军事调处执行部成立后，美方却协助国民党军队进攻解放区，积极训练和装备国民党军队，供给大量军火和其他作战物资。是年6月，国民党发动全面内战。8月，美国宣布"调处"失败，随后军事调处执行部解散。

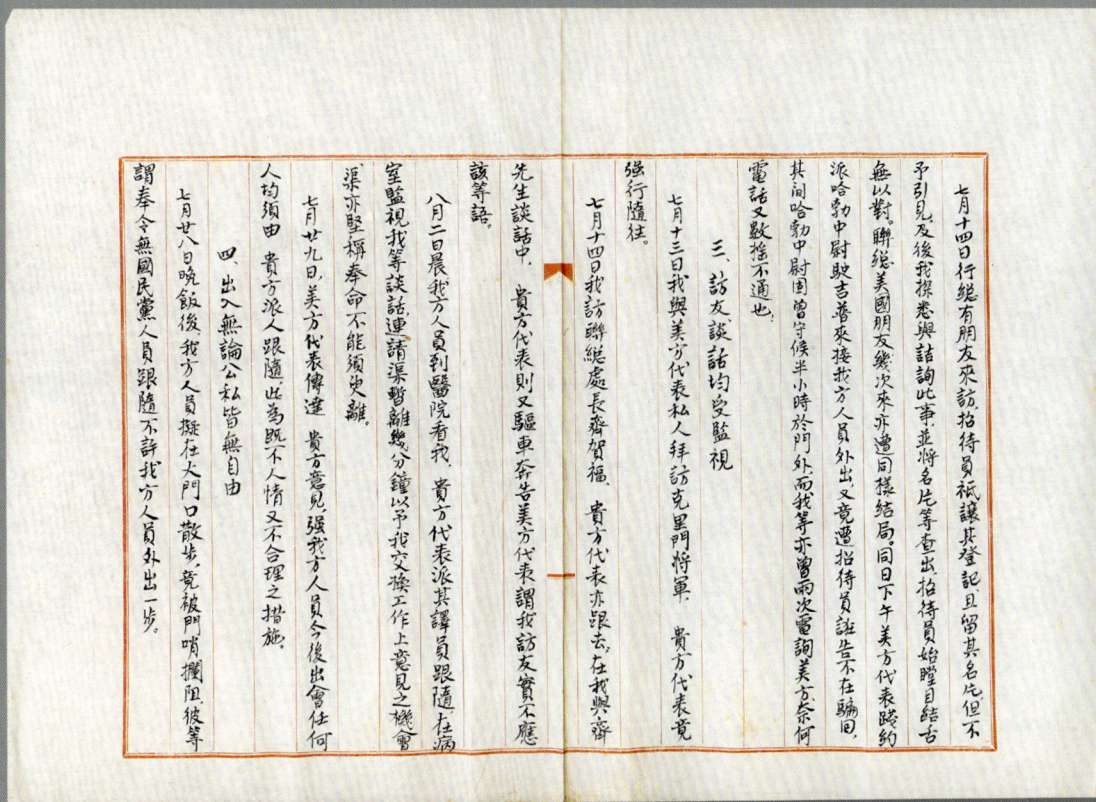

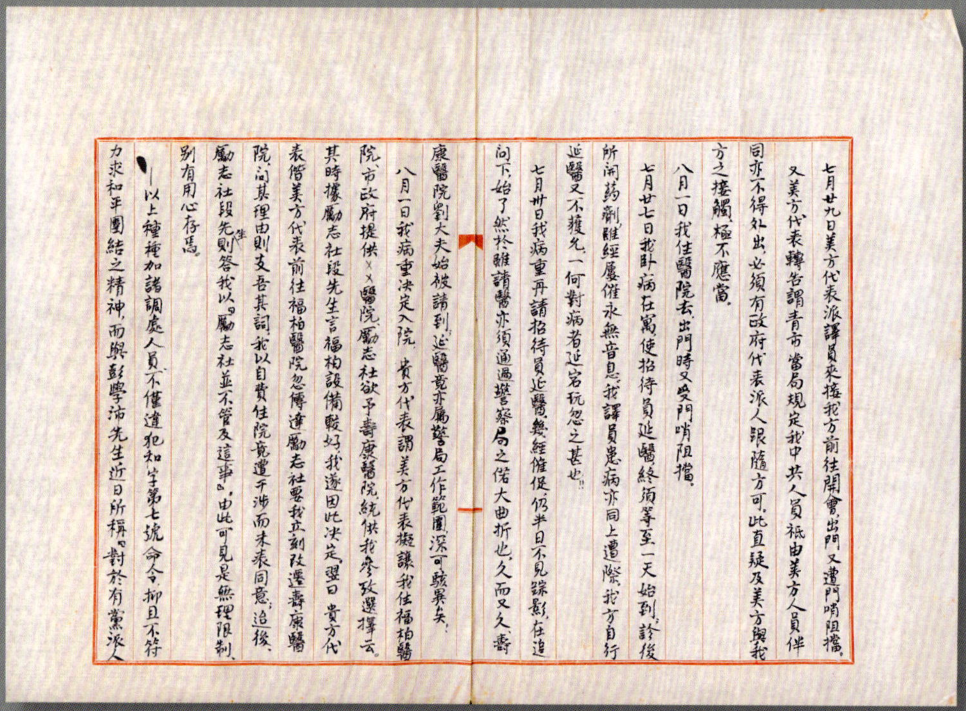

七月廿九日美方代表派譯員來接我方前往開會，出門又遭門哨阻擋。
又美方代表轉告謂青市當局規定我中共人員祗由美方人員伴同亦不得外出，必須有政府代表派人跟隨方可。此直疑及美方與我方之接觸，極不應當。
八月一日我往醫院去，出門時又受門哨阻擋。
七月廿七日我卧病在寓，使招待員延醫，終須等至一天始到，診後所開藥劑，雖經屢催永無音息，我譯員患病亦同上遭際，我方自行延醫又不獲允，一何對病者延宕玩忽之甚也!!
七月卅日我病重再請招待員延醫，幾經催促，仍半日不見踪影，在追問下，始了然於雖請醫亦須通過警察局之偌大曲折也，久而又久，壽康醫院劉大夫始被請到，延醫竟亦屬警局工作範圍，深可駭異矣。
八月一日我病重決定入院，貴方代表謂美方代表擬讓我住福柏醫院，市政府提供××醫院，勵志社欲予壽康醫院，統供我參考選擇云。其時據勵志社段先生言福柏設備較好，我遂因此決定，翌日貴方代表偕美方代表前往福柏醫院，忽傳達勵志社要我立刻改遷壽康醫院，問其理由則支吾其詞，我以自費住院竟遭干涉而未表同意，追後勵志社段先生則答我以「勵志社並不管及這事」，由此可見是無理限制，別有用心存焉。
—以上種種加諸調處人員，不僅違犯和字第七號命令，抑且不符力求和平團結之精神，而與彭學沛先生近日所稱「對於有黨派人

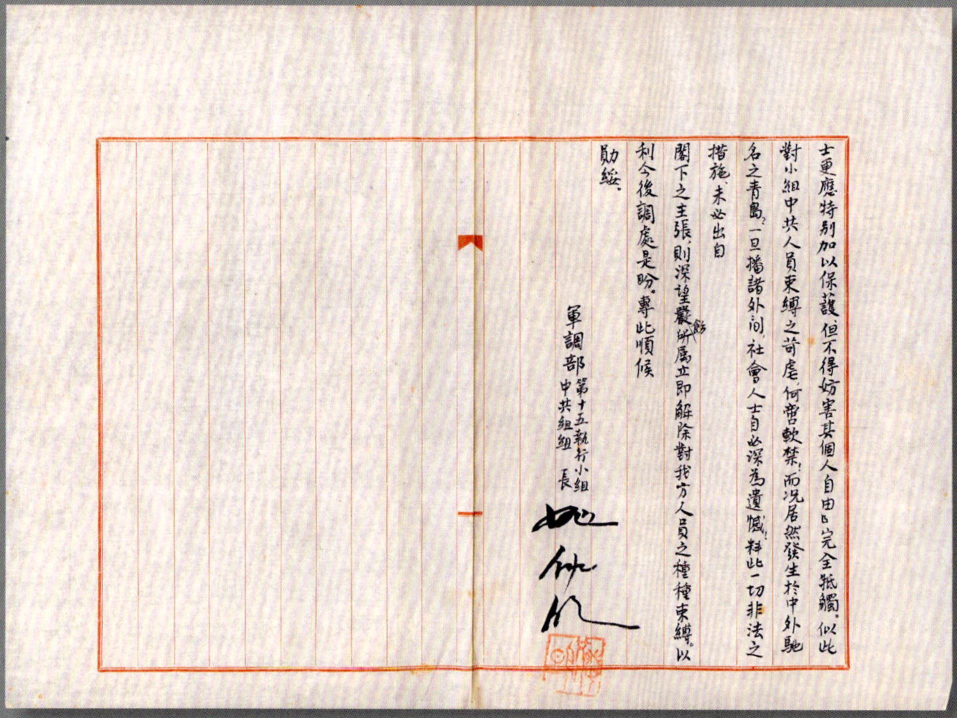

士更應特別加以保護，但不得妨害其個人自由」完全牴觸。似此對小組中共人員束縛之苛虐，何啻軟禁！而況居然發生於中外馳名之青島，一旦播諸外間，社會人士自必深為遺憾！料此一切非法之措施，未必出自
閣下之主張，則深望嚴飭所屬立即解除對我方人員之種種束縛，以利今後調處是盼。專此順候
勛綏。
軍調部第十五執行小組中共組組長

军调部人员佩戴的臂章

1946年
冀鲁豫边区革命纪念馆藏

军调部人员佩戴的肩章。根据国共两党1946年1月10日签订的关于"停止国内军事冲突"协议（停战协定），由中共代表叶剑英、国民党代表郑介民、美国代表罗伯逊在北平组成军事调处执行部（简称军调部）。军调部所设三人委员均有表决权，一切事务的实施均需要三人一致通过，为此制作了关防，并为明确身份给军调部工作人员配发了写有"军调"字样的臂章。次日，军调部即向全国发布了停止一切战斗的"和"字第一号命令，并派执行小组分赴赤峰、集宁、济南等地监督停战命令的执行。1946年6月底，国民党发动全面内战。同年8月，马歇尔表示"调处"失败。1947年2月，叶剑英等中共驻北平军调部人员返回延安，军调部撤销。

胶东新华书店印
《国民党在胶东怎样撕毁了停战协定？》

解放战争时期
烟台市博物馆藏

　　封面正中印有名称"国民党在胶东怎样撕毁了停战协定？"，胶东新华书店印，右下角盖有中共胶东莱东县委宣传部的印。内页第一页刊登《国民党在胶东破坏停战协定及我被迫自卫的经过》。

　　1946年6月，国民党反动派在美帝国主义的支持下，撕毁停战协定，公然向中原解放区发动进攻，全面内战爆发。国民党反动派向胶东区发动进攻的主要战场，大部分都是在烟台地区，烟台军民为保卫胶东作出了巨大贡献。《国民党在胶东怎样撕毁了停战协定？》详细报道了国民党在胶东破坏停战协定的阴谋，向胶东人民揭露了国民党反动派反对民主、破坏和平的真实面目。

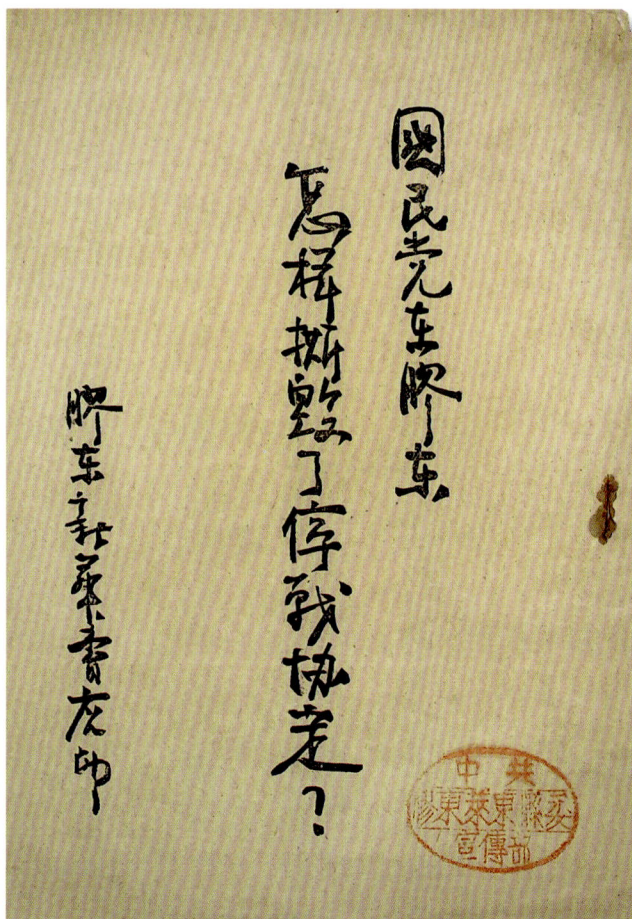

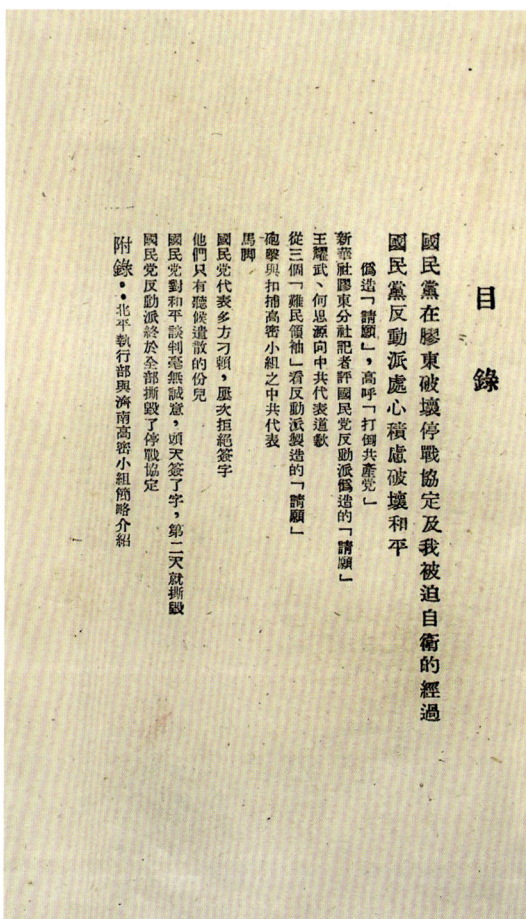

解放区战犯调查委员会山东分会密函（第二号）

1946年12月28日
沂源博物馆藏

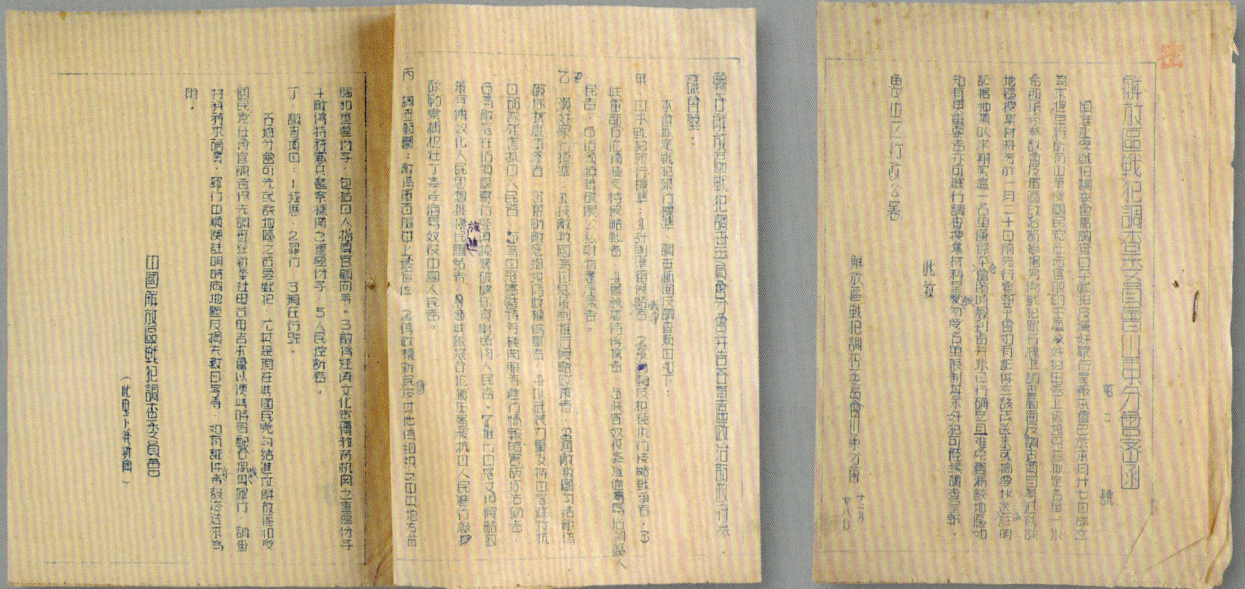

　　解放区战犯调查委员会山东分会发布的密函（第二号），文件右上角印有红色"密"字，共3页。抗日战争胜利后，中国共产党积极介入对日战后历史遗留问题的处理。1945年11月5日，中共在延安正式成立了中国解放区战犯调查委员会并对日本战犯进行调查。该密函另有2个附件：一是中国解放区战犯调查委员会转发给各解放区战犯调查委员会分会及各军区政治部政府参议会的文件，文中

明确了战犯罪行标准、单位及调查项目；二是1946年3月8日发布的解放区战犯调查委员会山东分会通知。

　　中国解放区战犯调查委员会于1945年11月5日在延安成立，吴玉章为主任委员，张勃川为秘书长，委员共22人。该组织成立后于12月15日公布了首批日本战犯名单，并拟定了日本战犯罪行六项标准等。

孟昭进

1904—1985

山东邹平人，早年间在冯玉祥的国民联军中担任中央军团长。1938年8月13日，孟昭进派兵5000余人进攻济南，歼灭日军500余名。后任国民党十一战区少将高级参谋。抗日战争胜利后，冯玉祥对蒋介石发动内战、实施独裁政策非常不满。他借信明志，勉励自己和朋友"国而忘家，公而忘私，人而忘己"，要使"同胞们都明白有国而后有家的道理，急公好义、奋不顾身的美德，及舍己从人、爱人如己的善良行为"。孟昭进1948年9月在济南战役中率部起义。中华人民共和国成立后任邹平县政协委员、副主席等。

冯玉祥给孟昭进的信

1946年
山东博物馆藏

1946年4月20日冯玉祥写给老部下孟昭进的信。信的内容是请孟昭进把他的主张转告好友。末署"冯玉祥"，钤冯玉祥个人印章。此信由孟昭进捐献。

各地有許多朋友想見
我因為交通的不便無法
見面還有許多同志我要
見他們也因為種々困難
未得見着所以過去不
是辦法因此我請照進
同志作我的代表一則
替我看看各位同志一

則去看我的朋友們也就
請照進同志替我說話
並且把我常說的話孫告
知各位好友
我们的目標是三忘
國兩忘家　公而忘私人
而忘己
其主在即在朋脆们都於白有

國兩改有家的遺理和急公好義
奮不顧身的美德及捨己從人
愛人必己善良行為必多以我们
方轉成為四强之一呢。
更稷古不如今舊不如新
是由裆為苟日新日々新又日新
先賢教訓來的
法天法地法萬物。固天地

萬物皆為人而不為己。吾人应
取法於以三者。隨时隨地給
人以意想不到的快樂。也就
是我们自己的真快樂。
以上几句為是因為是我自勉的
话。也就是勉勵朋友们的话诸
各位指爱。

馮玉祥

卅五三一九

⚑

烟台中美谈判使用的会议桌

1945年
烟台市博物馆藏

1945年10月1日上午，于谷莺接受"盟军"邀请登上旧金山号旗舰，与赛特尔少将举行会谈。由于国共内战尚未爆发，两党正在"和谈"之中，美国充当了"调停人"的角色，三方合组的军事调停执行部正处在积极活动阶段。然10月4日，崆峒岛前又增加了两艘美舰（其中一艘为巴尔贝中将率领的旗舰路易维尔号）。美军不仅增加了兵力，而且提高了行动级别。我方与美方谈判的主角也发生变化，由于谷莺改为既懂军事又通政治的仲曦东，以谈判为主调的行动转为了以军事斗争为主调。于谷莺、仲曦东等随美军快艇驶往路易维尔号。美方代表巴尔贝中将、两栖作战部队司令罗克少将和赛特尔少将等在路易维尔号甲板迎接中方代表，会谈在路易维尔号的会客厅里举行。

1945年10月烟台市政府在中兴楼饭庄宴请美方谈判代表时的合影

10月6日，延安新华社播发就美军在烟台登陆问题给美军驻延安军事观察组叶顿上校的声明，同日我方当即把声明及抗议书送交美方。谈判整整历时九天，在这期间中方谈判者斗智斗勇，终于在10月9日，巴尔贝正式发表公报说："美军将不在中国共产党所占领的烟台登陆，因该港已由中国共产党领导下的军队控制。"又说："烟台港已设有

警察，秩序良好，该地已无日军、战俘和美国拘留民。目前，美军登陆已没有任何军事理由了。"

至此，烟台谈判胜利结束。史沫特莱在其所著《伟大的道路》中说："美国人在烟台低下了头。"实际上，烟台谈判的胜利有着更重要的战略意义，它保证了山东主力部队能顺利开赴东北，为辽沈战役的胜利提供了军事及物资上的援助。

新四军山东军区复员军人证明书

解放战争时期
临沂市博物馆藏

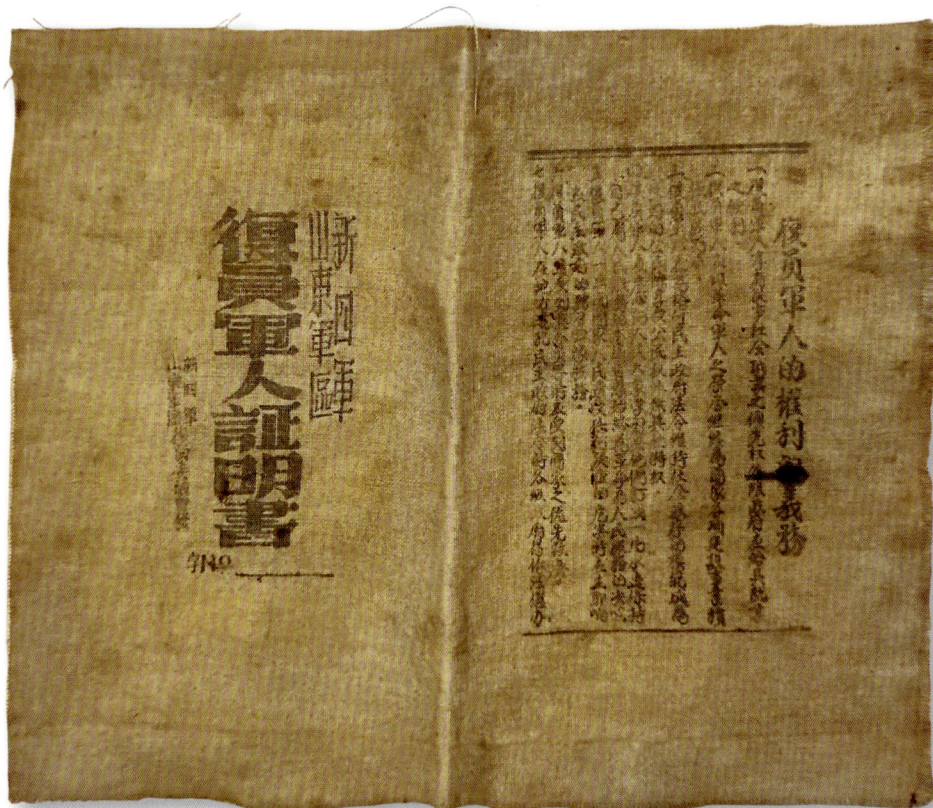

　　证书前页为新四军山东军区复员委员会颁发的"新四军山东军区复员军人证明书"字样，后页为复员军人的权利与义务七项条款，正反页均未见有书写文字及钤印。

　　抗日战争胜利后，为减轻人民负担，提高部队战斗力，新四军军部兼山东军区对所属部队进行整编工作，并制定复员5万人的计划。然而1946年国民党不顾停战协定，对解放区发动全面进攻，原定复员5万人计划，由于战局需要只裁减近千名老弱病残人员。这张未曾使用过的复员军人证明书便是这一历史的见证。

张建抗的复员证

1948年9月28日
五莲县博物馆藏

2013年5月五莲县博物馆接受捐献。

复员证内容为：兹证明张建抗同志，现年46
岁，系山东莒北人，于1939年入伍，曾在部队任排
长工作，现因病复员，业经批准，特此证明。落款
为山东省政府主席黎玉。

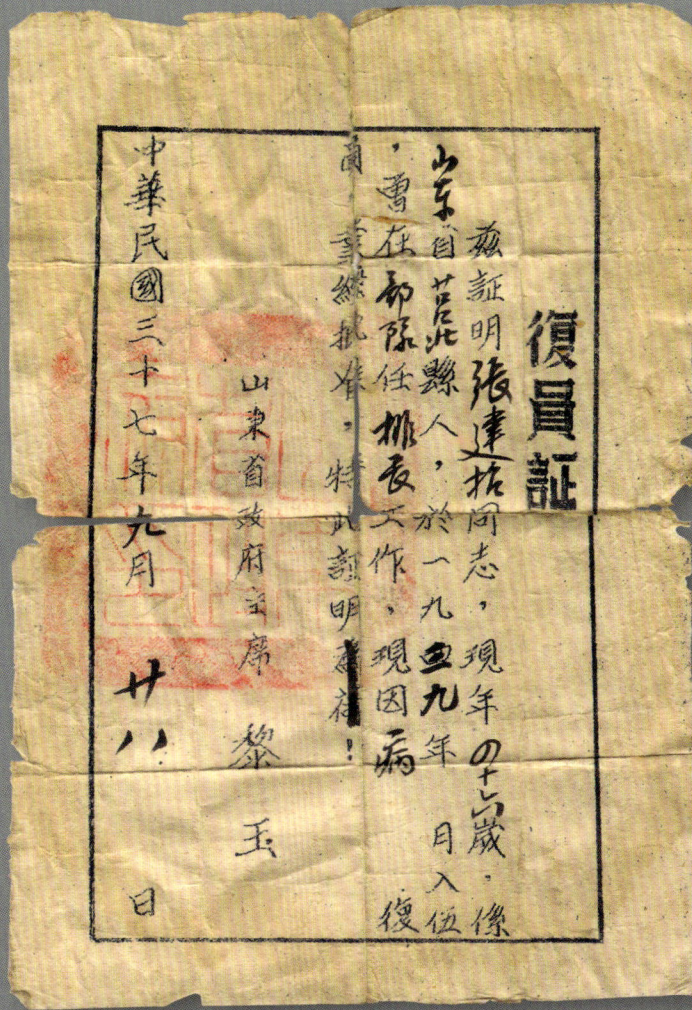

阚秀花入团志愿书誓词及登记表

1947年
临沂市博物馆藏

志愿书内页为个人基本信息、入团动机、入团介绍人及入团时间等信息。

阚秀花，女，山东莒南人，1947年11月27日，20岁的阚秀花经赵秀芝介绍加入中国新民主主义青年团（共青团的前身）。她在申请书上写道，"家庭经济有地十二亩、人七口、屋四间，生活不缺吃穿"，曾参加过识字班，参加青年团的动机是为求解放，为不受封建压迫，为建设新中国。

临沂省直驻地反奸防匪总指挥部印
《关于新解放区的反奸防匪工作指示》

解放战争时期
沂源博物馆藏

刻版印刷，共7页。随着解放战争的胜利，不甘心失败的国民党在逃往台湾时有计划地潜留了一批反动军官、特务分子，煽动生活困难的民众闹事，袭扰人民解放军后方运输线，严重威胁了中华人民共和国基层政权的巩固、社会稳定和民心安定。为加强与开展反奸防匪工作，根据华东局工作指示，临沂省直驻地反奸防匪总指挥部发布《关于

新解放区的反奸防匪工作指示》秘密文件，明确了反奸防匪工作任务、组织领导、工作地区划分、会议与回（汇）报制度，文件落款"临沂省直驻地反奸防匪总指挥部 八月五日"，借印"山东省政府印"。文件附：①组织系统一览（实为文件正文内容）；②工作细则（分为总则、组织、工作步骤、工作中应注意事项）。

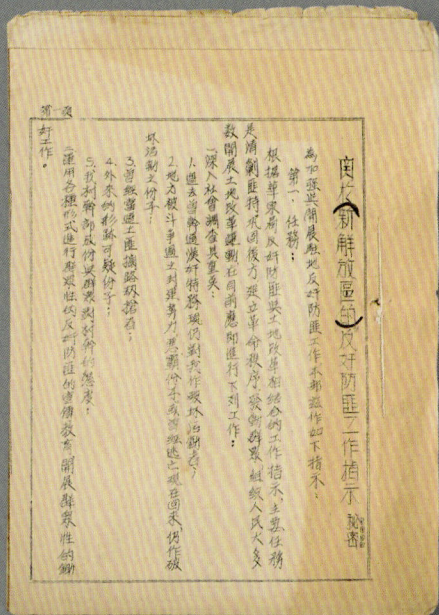

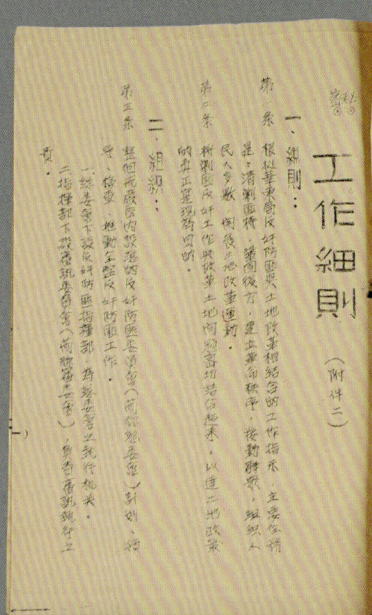

鲁中军区人民武装部编印
《坚持边沿斗争》

解放战争时期
济南市章丘区博物馆藏

解放战争期间，鲁中军区人民武装部编印《坚持边沿斗争》（立功运动教材之三），总结以往斗争经验，提出坚持边沿斗争的方法和坚持边沿斗争的注意事项。边沿区是解放区的大门，随时都可能遭敌侵犯，因此要坚持边沿斗争，打击敌人的进攻，保卫广大人民群众的财产和生命。

1946年10月10日，山东省政府、山东军区颁布《关于山东民兵自卫队开展立功运动暂行办法》，山东军区武装部、山东人民武装自卫委员会做出《关于开展立功运动的决定》，号召全体民兵和自卫队员"每人立一件功劳"。在立功运动中，各地民兵组织和支前民兵子弟兵团、民工团队，都及时地进行了政治思想工作和组织领导工作，使前方、后方担任作战、支前、警备、生产等任务的民兵，都积极地投入立功创模运动，并逐步把运动推向高潮。

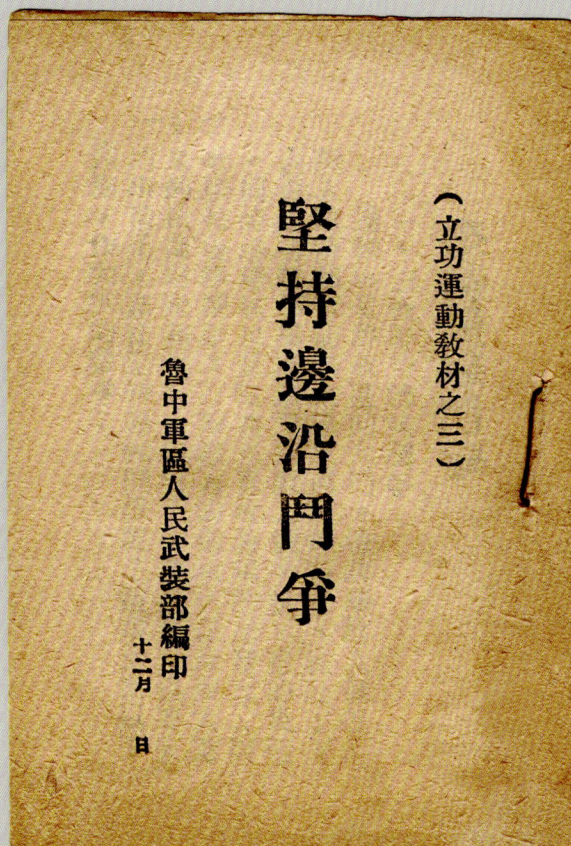

（立功運動教材之三）

堅持邊沿鬥爭

鲁中軍區人民武裝部編印
十二月
日

胶东文协主编
《胶东大众》（新年复刊号）

1946年
平度市博物馆藏

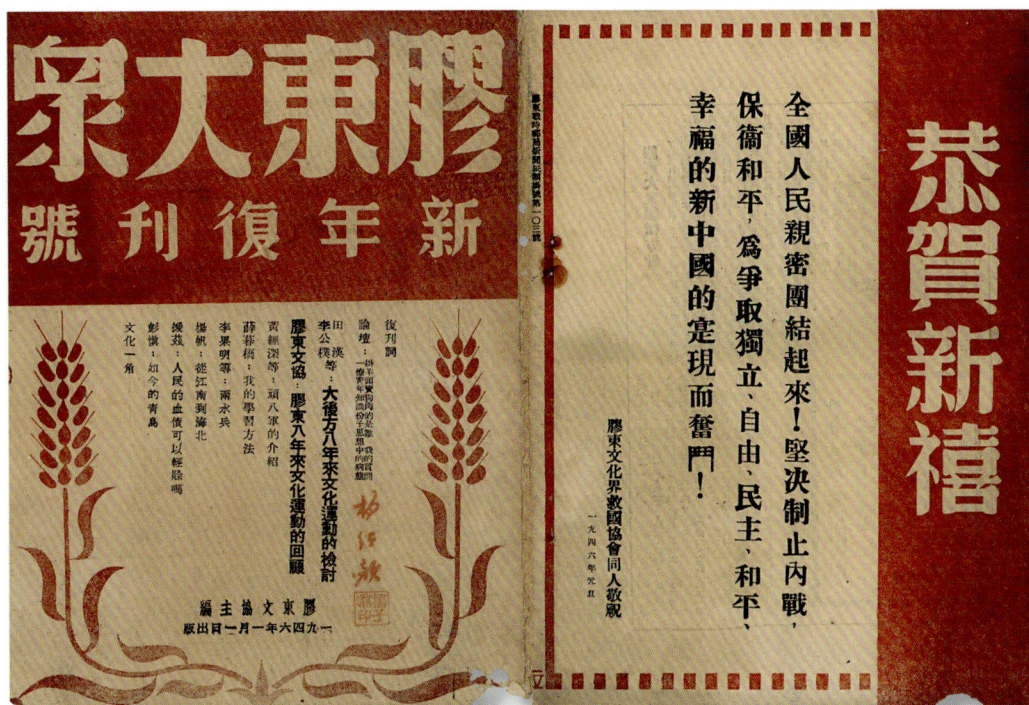

　　1946年1月1日出版的《胶东大众》的新年复刊号。《胶东大众》创刊于1941年。抗日战争时期因办刊时期常年处于反"扫荡"、反投降的战争环境中，再加上编辑人员下乡参与实际斗争，难以保证正常发刊，于1945年1月第26期后停刊。抗日战争结束后，《胶东大众》为承担历史任务，吹响时代号角，于1946年1月1日复刊（总第27期），改为半月刊，编辑为胶东文协，主编江风，出版发行为胶东新华书店。封面刊印"全国人民亲密团结起来！坚决制止内战，保卫和平，为争取独立、自由、民主、和平、幸福的新中国的实现而奋斗！"的口号。栏目有论坛、漫话、文艺、通讯、半月大事、文摘、工作经验、青年园地、写作指导、大众科学、国际知识等，读者对象以广大文化工作者和知识分子为主。后来主编由马少波担任。

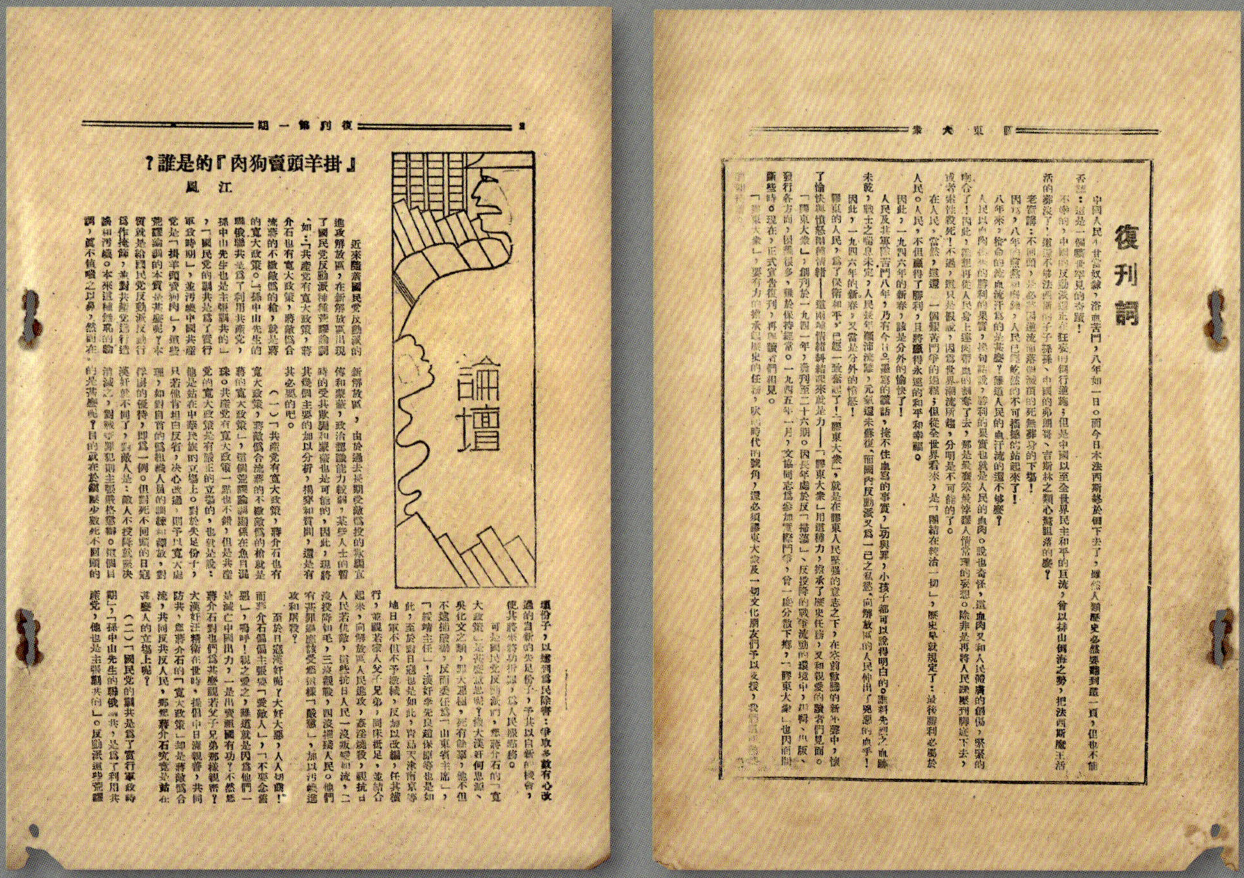

『掛羊頭賣狗肉』的是誰?

江風

論壇

復刊詞

1945年11月，国民党第八军沿胶济路进犯解放区，胶东解放区军民奋起自卫反击。图为胶东军区某部战斗在胶济铁路线上。

　　复刊后的《胶东大众》立足国内外政治局势，讽刺批判蒋介石违背"双十协定"、反共反人民的黑暗行为。以诗歌、漫画、时事评议等形式来揭露国民党反动派违背人民意愿、破坏民主和平的丑恶嘴脸，同时提出文化运动的发展要与群众结合、与政治结合、与实际斗争结合，要走民族的、科学的、大众的文化路线。《胶东大众》作为胶东革命根据地发行的重要红色期刊，在号召大众学习进步思想、对抗反动派的思想侵蚀方面作出了突出贡献。

　　1947年8月15日出到第63期，根据读者要求，改版为《胶东文艺》。《胶东大众》《胶东文艺》的主要编辑先后有包干夫、鲁特、丁宁、李根红等。《胶东大众》反映出胶东人民的迫切要求，也反映出胶东人民光荣传统的斗争精神。

国立山东大学由国立青岛大学于1932年更名而来。受战事影响，于1938年停办，而后于1946年复校。图为国立山东大学校门。

国立山东大学学生自治会反内战告同胞书

1947年5月21日
青岛市博物馆藏

　　国立山东大学学生自治会于1947年5月21日所书告同胞书，其中明确了向政府提出增加教育经费、停止内战、外国军队一律退出中国等七条要求，并呼吁社会各界的支援。此为反映山东大学反内战运动的宣传资料。

　　1947年3月，国立山东大学学生自治会成立，从此，山东大学的学生运动便纳入中共青岛市委的领导下。自治会组织山东大学学生开展了"反饥饿、反内战"等爱国运动。

国立山东大学全体学生致国民党政府的信

1947年5月22日
青岛市博物馆藏

　　毛笔书写。国立山东大学学生自治会"反内战"运动宣传资料。落款为国立山东大学全体学生。

国立山东大学学生自治会
致国民党参政会的信

1947年5月22日
青岛市博物馆藏

落款为国立山东大学全体学生，钤"国立山东大学学生自治会"蓝色印，系国立山东大学学生自治会"反内战"运动所书信件。

国立山东大学学生自治会致联合国大会秘书处的信

1947年5月22日
青岛市博物馆藏

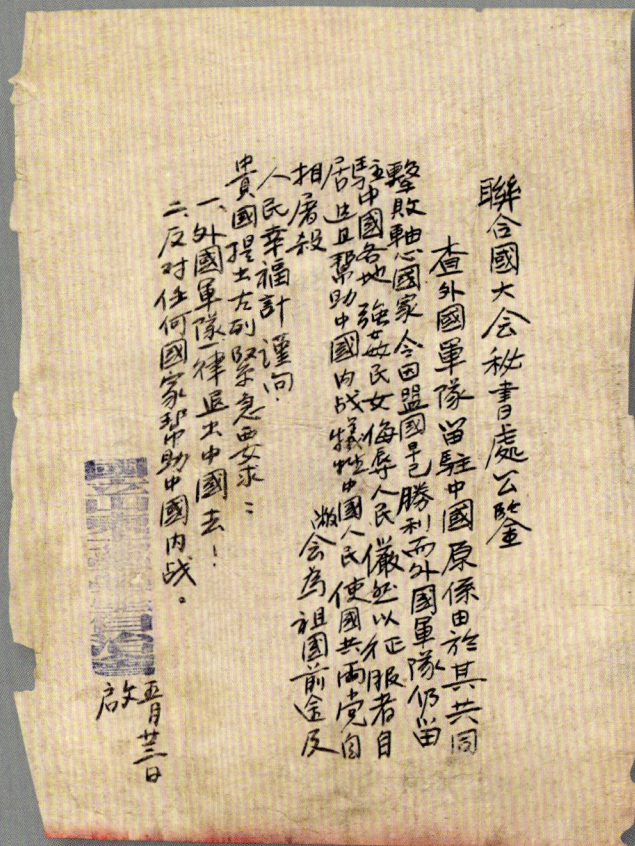

1947年5月22日，国立山东大学学生自治会所书"反内战"运动信件，毛笔书写。钤"国立山东大学学生自治会"蓝色印。

1947年，国民党在军事上接连失败，经济和政治危机也日益加深。青岛处于国民党的黑暗统治之下，物价暴涨、工厂倒闭、农村破产。5月4日，在中共地下党领导下，上海学生举行示威游行，率先举起了"反饥饿、反内战"的大旗。面对青年学生运动风暴，南京国民党政府于5月18日颁布了《维持社会秩序临时办法》，严禁10人以上的请愿和一切罢工、罢课、游行示威。5月20日，国民党当局对举行"反饥饿、反内战"游行的学生采取暴力手段，在南京、天津制造血案，史称"五二〇血案"。

血案爆发后，国立山东大学的学生纷纷举行罢课、游行。5月22日，学生自治会向国民党政府、参政会致信，宣布罢课三日以响应京、沪、津各大学，并向当局提出增加教育经费、收回美军占用的大学路校舍、停止内战、外国军队一律退出中国等七项要求。同时，向联合国大会秘书处提出了外国军队一律撤出中国和反对任何国家帮助中国内战两项紧急要求。

国立山东大学反内战运动委员会主编第一期《公报》

1947年
青岛市博物馆藏

1947年6月1日国立山东大学反内战运动委员会为响应之后"六二"反内战运动出刊进行宣传的《公报》，是当时山东大学反内战运动委员会主编的第一期宣传材料。《公报》里有多篇小文，有《为正义响应"六二"为爱国罢课游行》和王统照等教授对罢课学生的鼓舞，以及多个学校参与罢课游行联络的消息等，反映了山东大学师生为公平、正义而抗争的爱国热情。

1947年，解放战争由战略防御阶段转入了战略进攻阶段。伴随着解放战争的节节胜利，国民党统治陷入了军事危机和经济危机的双重困境。国民党为了摆脱困境垂死挣扎，一方面指使四大家族与美国垄断资本勾结起来，控制全国的经济命脉，另一方面加紧对人民进行更加残酷的压榨和剥削。面对生活和人身安全无保障的残酷现实，学生们无法安心读书。1947年5月4日，上海青年率先举起了"反饥饿、反内战"的大旗，紧接着，国立山东大学教师为提高待遇而举行的罢教与学生们为增加教育费和伙食费举行的罢课，掀起了国立山东大学"反饥饿、反内战"斗争的序幕。

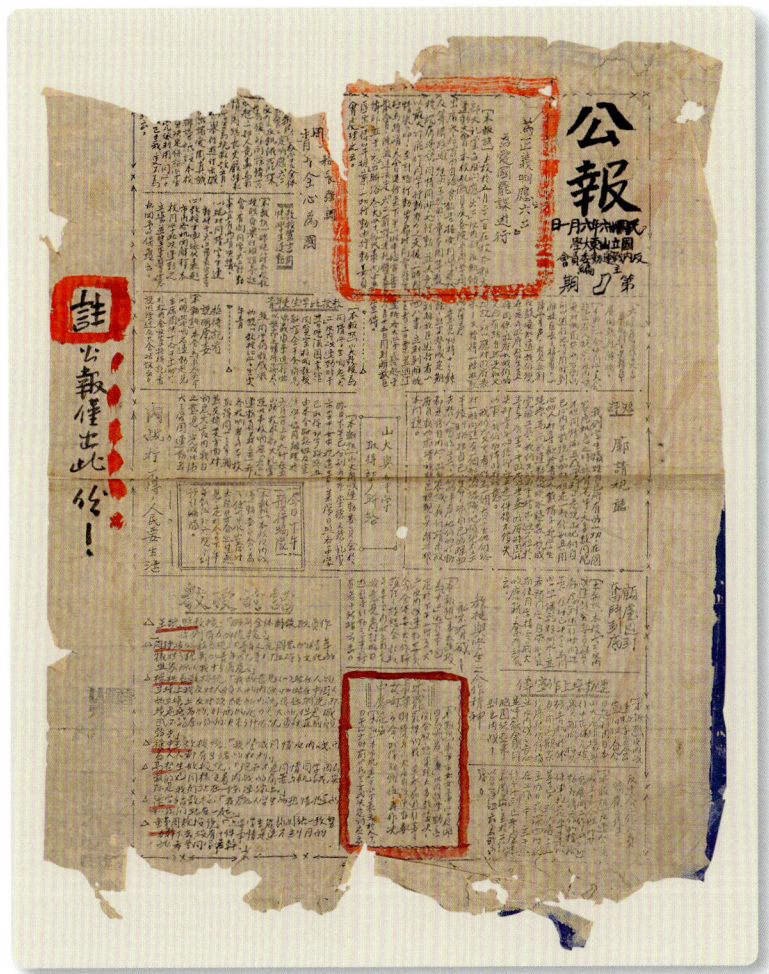

揭露国立山东大学六二惨案
真相的呼吁书

1947年6月4日
青岛市博物馆藏

　　钢版油印。1979年由青岛市档案馆移交青岛市博物馆收藏。此呼吁书是六二惨案善后委员会向全国各界人士呼吁，控诉国民党疯狂镇压国立山东大学学生"反饥饿、反内战"游行示威的罪行经过，请全国各界声援的传单，是反映山东大学反内战运动的珍贵的宣传资料。

　　1947年5月31日，山东大学组成"反饥饿、反内战"委员会，准备举行示威游行。6月2日，罢课学生在市区主要街头散发传单、张贴标语，发动全市群众反对饥饿、反对内战，并强烈要求美军交回国立山东大学校舍。青岛当局残酷地镇压"六二"学生运动，逮捕了140多名进步学生，解散了学生自治会，酿成六二惨案。随后中共青岛地下组织及时组织了六二惨案善后委员会，6月4日印发此呼吁书，组织学生开展罢课，进行绝食斗争，发动工人罢工、商人罢市等"反饥饿、反内战"斗争，迫使国民党青岛当局释放了全部被捕学生。

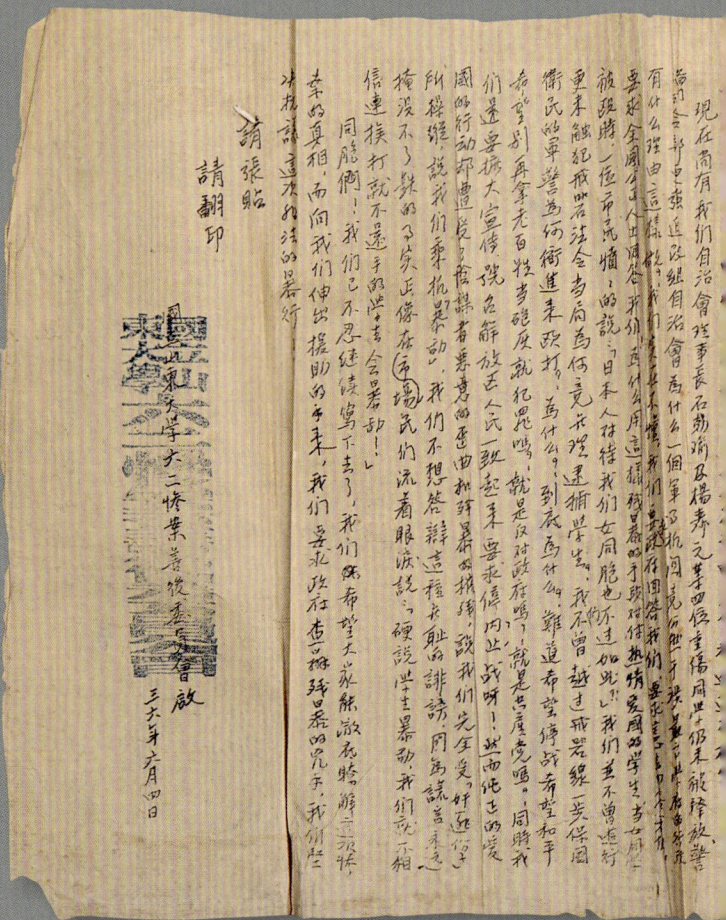

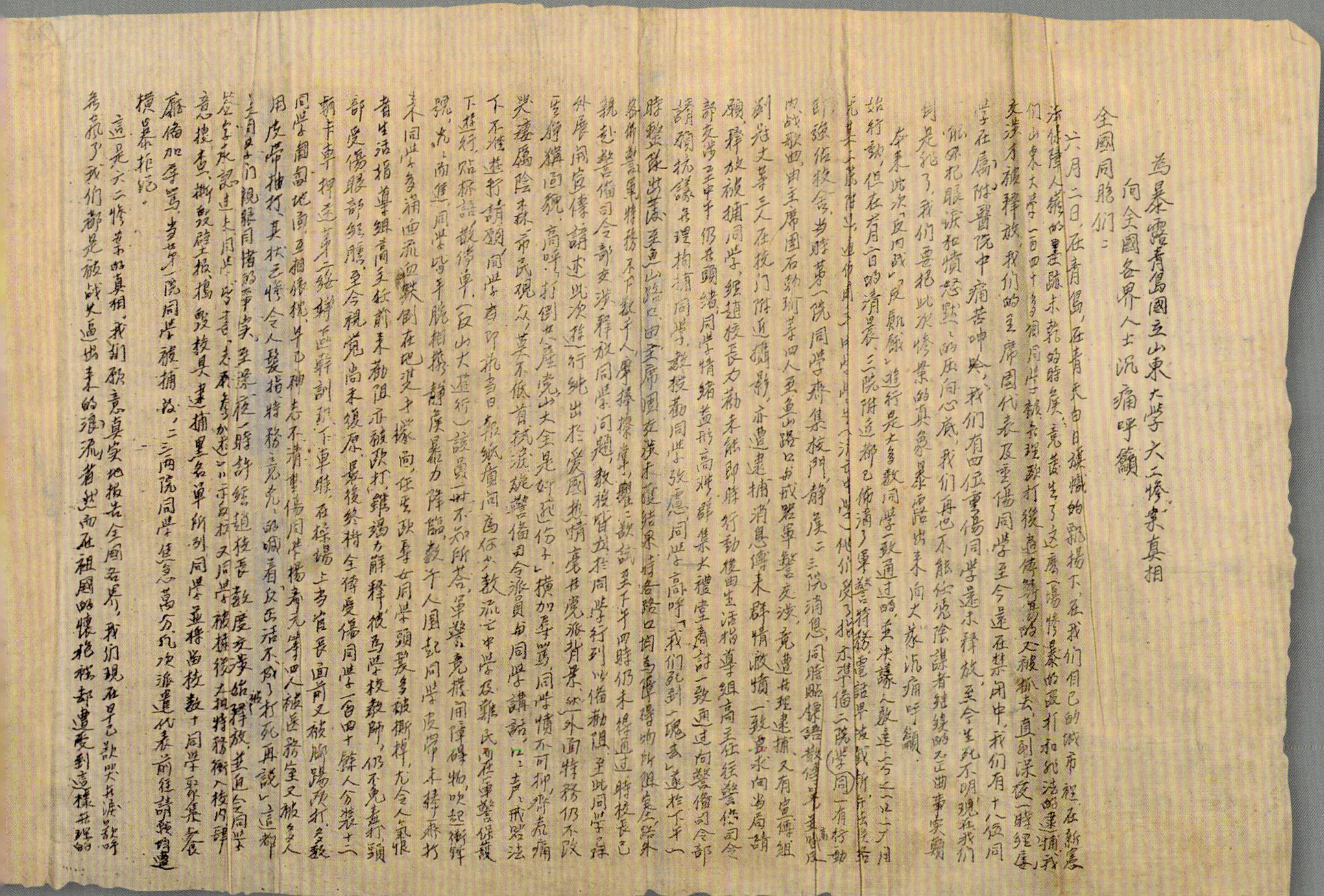

为暴露青岛国立山东大学六二惨案真相
向全国各界人士沉痛呼吁

全国同胞们：

六月二日，在青岛，在青天白日旗帜的飘扬下，在我们自己的城市，竟在新辟的马路边演出了这幕惨绝人寰的空前大流血大屠杀惨剧……

山东大学方生剧社编《绝食》剧本

1948年
青岛市博物馆藏

　　剧本中张、王二位老师绝食的目的在于逼政府官员出面，借机提出自己的条件：要求当时国民党政府建立一个富强、康乐、民主、自由、平等的国家，政府要尊重社会贤达等。这是反映青岛左翼剧社进步革命形象的剧本，也反映了当时真实的社会现状。

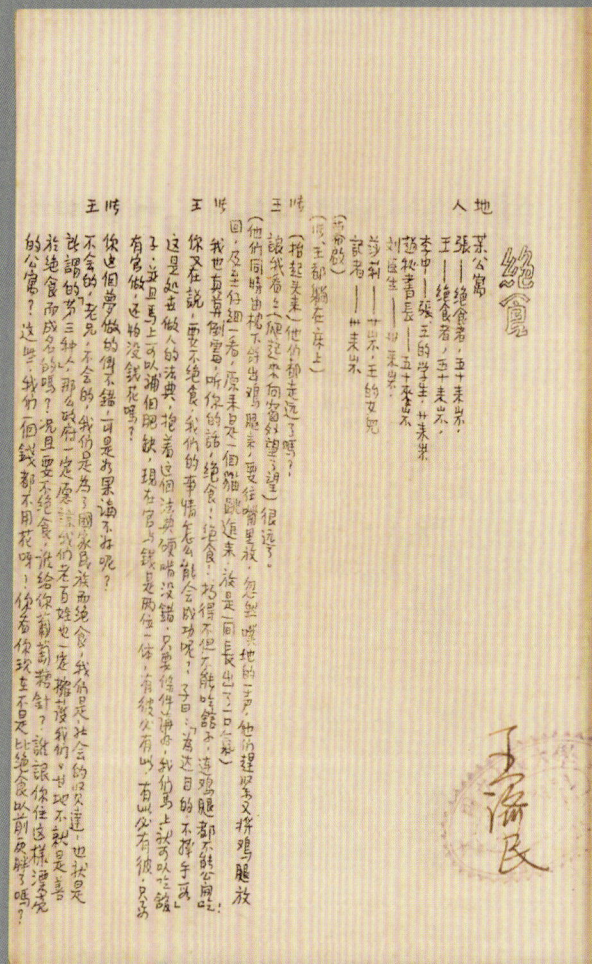

青岛教员学生示威游行用旗

1946年
青岛市博物馆藏

青岛教员学生联谊会反甄审斗争游行示威的大旗。

抗日战争结束后，国内教育复原工作甚为艰巨，而青岛教育界却笼罩在国民党政府肆意刮起的甄审风潮之下。1945年9月，国民党政府公布决定对沦陷区的毕业生、肄业生和在校学生进行甄审和训练。青岛的"甄审令"规定：凡沦陷区敌伪所设中等学校教职员、学生须一律甄审，甄审科目"国文、英文、三民主义"，还要"标点批注国父遗教与《中国之命运》，呈交主义研读报告与学术论文各两万字以上"；未经甄审合格之学生与教职员，一律不承认其学籍、教龄，不能继续求学和报考大学，不能继续任教。青岛市中小学教职员工和学生成立了青岛教员学生联谊会，为维护尊严、公平、正义而游行，为国之大局而抗争。

钱醉竹主编《大威周刊》（创刊号）

1946年4月14日
烟台市牟平区博物馆藏

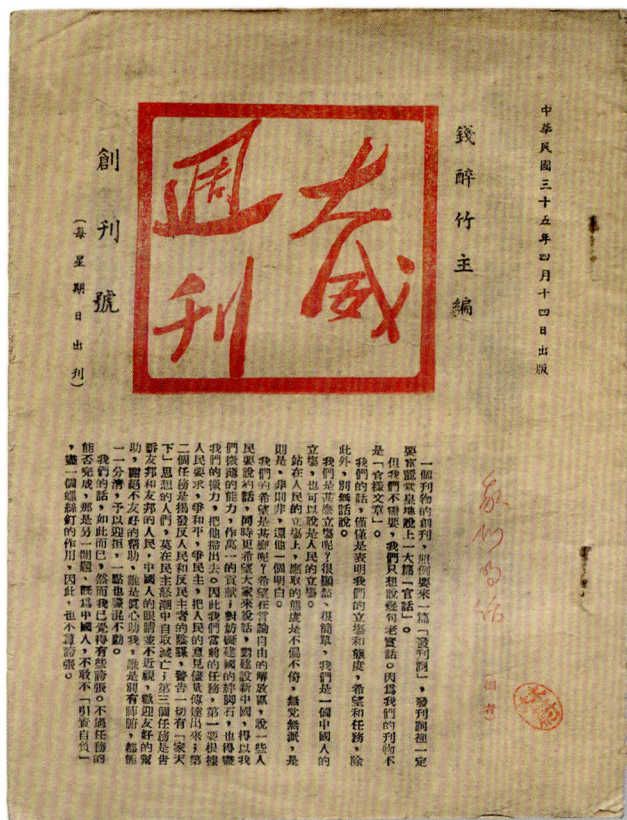

　　《大威周刊》1946年4月创刊于山东威海，受中共威海卫市委宣传部直接领导，邀请民主人士钱醉竹任主编，由大威周刊社发行，为综合性政论类刊物，发行范围主要在胶东解放区。《大威周刊》（创刊号）在发刊词中，立场坚定，旗帜鲜明地表明了要以"一个中国人的立场""人民的立场"作为办刊的立场，要争和平、争民主，为人民说话，为建立新中国尽绵薄之力。

　　《大威周刊》以"为民众而斗争，为群众而服务"为宗旨，在编排内容选择上，既注重办刊普遍性，又具有其独特性，稿件来源广泛，政治态度鲜明，栏目多样，内容新颖，形式灵活，文字简朴，深受读者喜爱。《大威周刊》作为解放战争时期中共领导创办的综合性刊物，刊载文章内容丰富，政治态度鲜明。1947年，由于国民党军队向胶东地区大举进攻而停刊，前后共出版60期。

德州时报社出版
《德州时报》

1946年
德州市博物馆藏

1946年7月1日—10月31日，共50页，实为复印件。缺第5—17、27—34期。1946年7月1日，《德州时报》创刊，这是德州历史上第一张党报。证号为渤海邮政分局新闻报纸类登记第103号。属四开四版，三日刊，石印，每期发行千余份，实行总编辑负责制。受战局影响，报纸于当年10月31日停刊，总共出刊41期。停刊词提道："兹因渤海日报已能及时发行，德市本报奉命与渤海日报合并，以节约人力物力，支援自卫战争。"时报的存在时间虽然不长，但却报道了德州很多重要历史事件，如人民代表选举大会的召开、德州市行政委员会的成立、军调处第十三小组在德州的情况等。

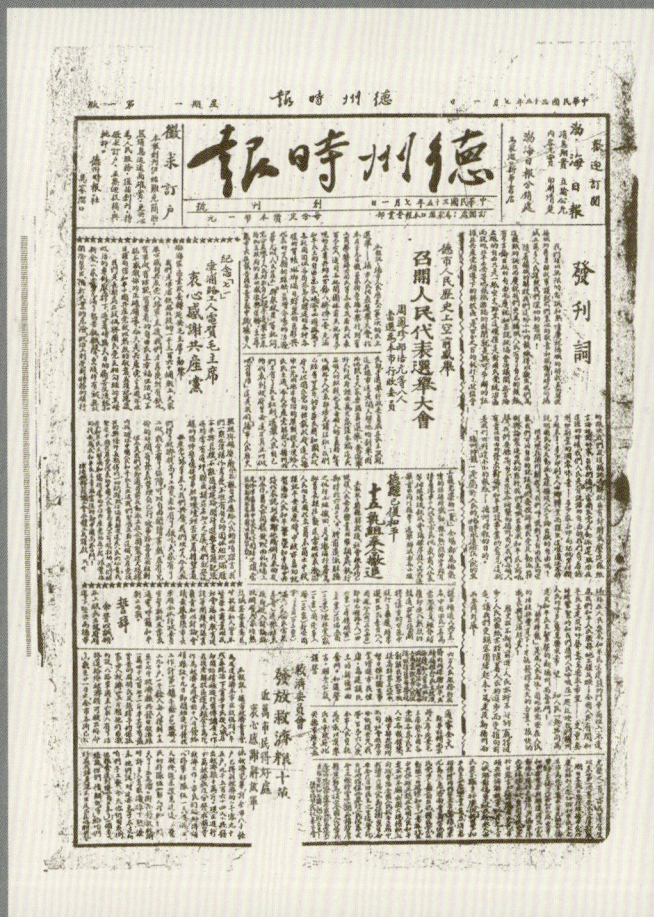

《前锋》报

1946年8月1日
济南市博物馆藏

　　在1942年元旦《前锋》报的创刊号上，李静之撰写的发刊词阐明了"仗义执言，为民前锋"的办报宗旨，并在社评《再自策励》中进一步阐述了报社的立场："以商业报纸，公民资格，站在人民立场，从事新闻事业，为国效忠，为人民服务。无论何人，其言行有利于国家，造福民众者，拥护之，扬誉之；有害于国家人民者，批评之，纠正之。"

　　1946年6月，国民党军队向解放区大举进攻，全面内战爆发。《前锋》报与中共的主张相呼应，斥责国民党反动派发动内战的罪行，从新闻战线上投入了反内战的斗争行列。当胡宗南部队进入延安时，国统区各报大肆鼓噪，而《前锋》报则发表社评，指出作战双方的胜负不取决于一城一地的得失，而取决于有生力量的消长。如此呼声，在当时的国统区报刊里实属难能可贵。此期报纸刊登了《从红军到解放军——英勇奋斗十九年（大事纪年——一九二七年八月一日至一九四六年八月一日）》，解放区各部队由八路军、新四军、东北民主联军等陆续改称人民解放军的文章。

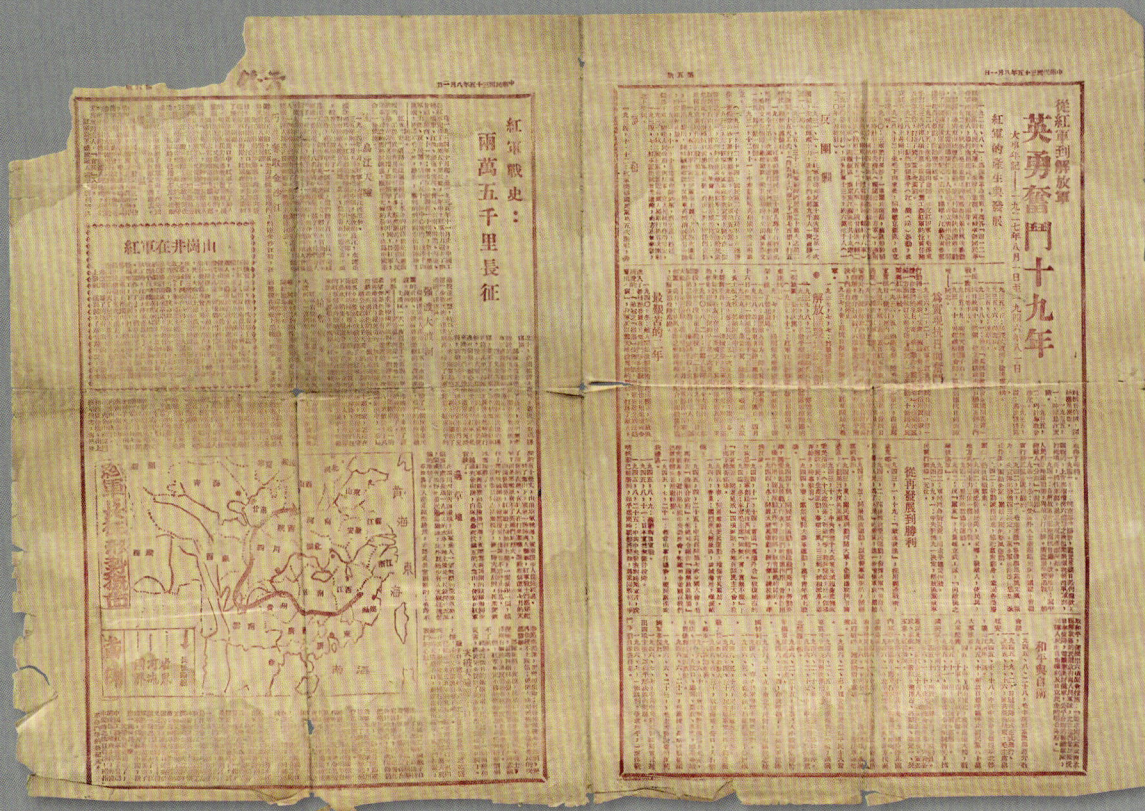

于振江获得的子弟兵团化虎营一连副指导员的委任状

1946年5月

山东博物馆藏

1946年5月1日，委任于振江为子弟兵团化虎营一连副指导员的委任状。落款：团长杨先、政治委员刘平。

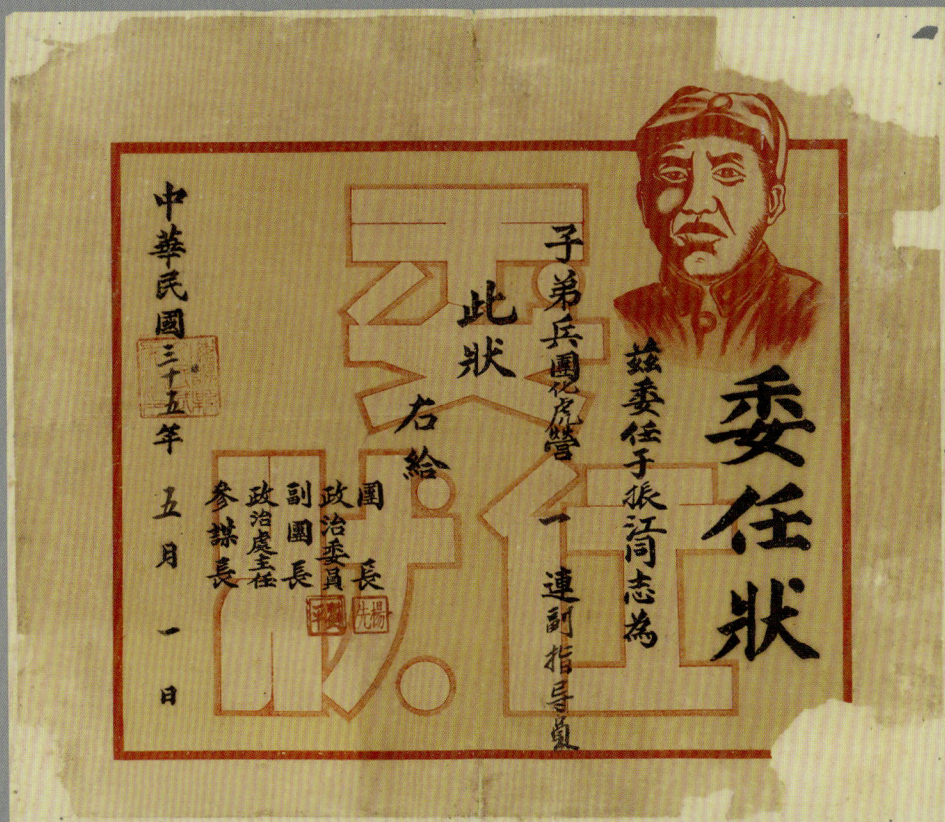

胶东新华书店出版《蒋介石出卖了国家哪些主权给美帝国主义者？》

1946年
山东博物馆藏

1946年11月19日胶东新华书店出版。该书批判了国民党与美国签订的《中美友好通商航海条约》，申明废除一切强加于中国人民的不平等条约。

1946年，为了获取美国支持，国民党与美国签订了《中美友好通商航海条约》，条约共30条、68款。主要内容是：缔约方之国民有在彼方"领土全境内"居住、旅行与从事商业、工业、文化教育、宗教等各种职业的权利，以及采勘和开发矿产资源、租赁和保有土地的权利；并且在经济上享受国民待遇。该条约给中国的主权和政治、经济利益造成了极大损害。

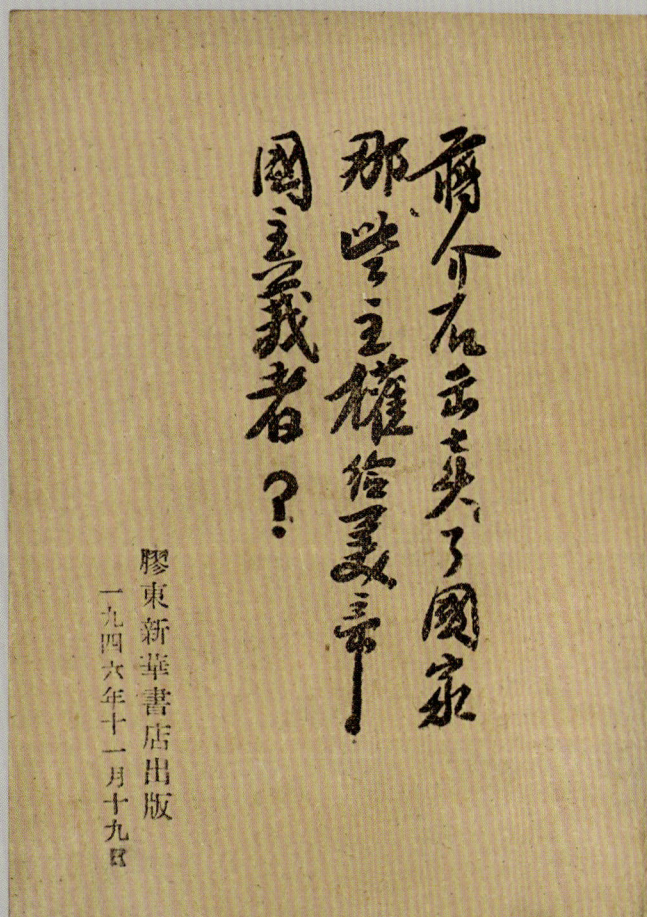

烟台第一次解放后市政府驻地

　　1946 年 6 月下旬，蒋介石集团撕毁停战协定、挑起内战之后，国民党军队在各战场屡屡受挫。为扭转败局，翌年 8 月，蒋介石亲临青岛，指挥王耀武限期占领烟台、威海，控制胶东地区，另以 6 个整编师组成的"胶东兵团"，在海、空军配合下，展开疯狂进攻。烟台党政军民贯彻执行党中央的战略方针，决定暂时撤离烟台，让国民党军背上城市包袱，分散其兵力，以利人民解放军日后进行战略反攻。

烟台大花鞋惨案中曲敬辉父子的血衣

1947年
烟台市博物馆藏

　　这两件血衣是解放战争时期烟台金沟寨遇害者曲敬辉父子留下的。

　　1947年秋，国民党军队进攻烟台，原驻烟部队和烟台党政机关于9月底先后撤出，只有部分未公开身份的共产党员留下来坚持斗争。同年10月1日，烟台不幸失守。国民党占领烟台后，对烟台人民实行血腥镇压和残酷统治。当地的地主恶霸也依仗国民党势力，向贫下中农报复打击，大肆捕杀共产党员、革命干部和群众。10月17日晚，敌人经过密谋，谎称绕道赴青岛受训，抓捕了清泉寨至金沟寨五个自然村的党员、村干部和积极分子共28人，其中包括曲敬辉父子在内的金沟寨被捕8人。敌人将他们骗至金沟寨村东海岸的龙王庙周围，并将他们装进麻袋，用渔船载至东海抛入水中淹死。因红色木船远远看去酷似红缎子鞋，俗称"大花鞋"，故此事件称大花鞋惨案。

　　大花鞋惨案并没有吓倒烟台广大革命群众，相反他们革命的意志和信心更加坚定，继续坚定不移地在党的领导下，以不同形式和国民党反动派进行英勇不屈的斗争，最终迎来烟台解放。

刊登"杨禄奎事件"判决结果的英文报纸《芝罘新闻》

1947年
烟台市博物馆藏

The Chefoo News，1947年6月23日版。1979年由曾任该报编辑的李景贤捐赠。

该报是解放区第一份英文报纸，1946年7月1日创刊，由胶东行署外事特派员办公厅创办，刊登国内外与地方重要新闻，以及外侨稿件。该报每周一出版，在胶东地区发行。烟台市副市长徐中夫任负责人，赵野民任编辑主任，富恒、杨荫樵、许勤、李景贤、金诗白、苏凡等任编辑，共发行5000余份，1947年7月1日停刊。该报宗旨是为外侨服务，团结一切可以团结的力量，共同争取世界和平。

该报2版报道了当时轰动国内外的"杨禄奎事件"。1947年5月23日，烟台人力车夫杨禄奎正拉车沿大马路东侧的森林路正常北行，突然被一辆疾驰而来的美式吉普车迎面撞倒，肇事者是联合国善后救济总署（简称联总）烟台办事处的美籍职员史鲁域琪。事发后，史鲁域琪不仅不下车救人，反而欲驾车逃逸，恰被路过的市民制止，才将昏迷中的杨禄奎送往附近医院，但因伤势过重，杨禄奎于当晚死亡。这件事引起了烟台市民的极大愤怒，强烈要求政府严惩凶犯，伸张正义。中共烟台市委、烟台市政府、市总工会为了保障人民权利、捍卫国家主权、维护民族尊严，联合向联总提出强烈抗议，迫使其接受惩处肇事者、公开道歉、负责遇难者家属善后等条件。1947年6月23日的 The Chefoo News 报道了这一事件的过程。

THE CHEFOO NEWS

No. 51　　Monday, June 23, 1947　　Pohai $5.00

CCP Spokesman Appeals Against Mass Arrests and Murders

SPEAKING of the current situation, Kweiyang, Canton, servicemen." mass arrest of civilians Foochow, Hangchow, Tsingthroughout the KMT-controlled tao, Kaifeng, Kunming and ed areas, the spokesman of Sian."

the Central Committee of the The spokesman continu-Chinese Communist Party ed, "A part of the arrested said, "One of Chiang Kai- have been secretly murdered shek's recent greatest plots as soon as they are arrested is his fascist method of as 'escort them to the Com-wholesale arrests and mur- munist Areas', the rest have ders to suppress the people in been escorted to the fighting the KMT-controlled areas. front to be killed by the mate The head conspirators of this or thrown into the sea while plot are Chiang Kai-shek and on the way." his secret service chief Ch'en The spokesman pointed Li-fu who, beginning from out, "This malicious plot of the end of May, have set their Chiang Kai-shek is now being minds for wholesale arrests of personally executed by Ch'en the Democratic League mem- Li-fu, the secret service head. bers, students, leaders, press- Till now most of the arrested men, intellectuals and other in every city have been democratic persons in such secretly slaughtered by cities as Shanghai, Nanking, Chiang Kai-shek's secret peiping, Hankow, Chang-

"That atrocious plot of Chiang Kai-shek", said the spokesman, "can, in no way, save him from the downfall, but, on the contrary, it will accelerate his doom."

The spokesman of the Central Committee of the Chinese Communist Party called on all the democrats of the world to bring the Chiang Kai-shek's malicious plot into the light and save the Chinese patriotic youths and democratic persons now arrested by the secret servicemen.

"The Chinese people will have Chiang Kai-shek, Chen Li-fu and others to squarely shoulder the responsibility of all the fascist outrages they have done. The final day of reckoning is not far off," the spokesman concluded.

UDA Score Successive Victories Last Week

Gen. Lin Piao's Army capture Pensi and Kungyuan

Manchuria, June 15 (NCNA) - In one of its greatest victories in the present offensive, General Lin Piao's Army stormed into towns June 13. This is the 36th important press captured in Manchuria during the last important towns of Mukden-Antung

This victory has put almost the whole length of the Mukden-Antung Railway under the control of the UDA.

A greater part of the Liaotung peninsula has been cleared of Tu Yi-ming's troops with the recovery of the important towns of Kaiping, Kaiyen, Pulantien, Chuangho, county town, Pulantien county town, Takushan, Pikow and Wafangtien since mid-May. Now there are only two battalions of the KMT 25th Division in the areas around Hsungyueh, and they are being hotly pursued by units of UDA. The whole section of the South Manchurian Railway from Kaiping to Pulantien has been wrested from KMT hands and no KMT soldier can be seen along almost the whole sea coast of the peninsula.

Hsungyueh, an important rail town on the South Manchurian Railway, 25 miles north of Yingkow port, was also recovered by the UDA.

UDA Capture Antung ETC.

Manchuria, June 11 (NCNA) - After five hours of bitter fighting, some units of the United Democratic Army captured Antung on June 10. Over 400 Kuomintang troops were left

The UDA drew from Antung on the 24th last Oct. On the same day, the forces of the UDA, striking along the Mukden-Antung Railway took Lienshankuan and Shiamatang, two railway stations south of Pensi. So far, more than half of the Mukden-Antung railway - over 120 miles - is cleared of KMT troops. This rapid advance links the Liberated Areas of Antung and South Liaoning into one.

Daring inroads and swift movements again crowned the UDA with victory as it, in surprise swoop, recovered the Kaiping county town at 10 a.m. on June 10. Kaiping is an important railway town on the South Manchurian Railway, 130 miles south of Mukden and 70 miles south of the port of Yingkow.

Two companies of the KMT Reorganized 25th Division and a part of the Peace Preservation Forces garrisoning the town were destroyed.

When the UDA took Kuantien near the Korean Border on June 7, over 400 men of the KMT 11th bandit Peace Preservation Corps were taken prisoner, more than half were two battalion commanders, the head of the KMT Political Department captured.

Fengch'eng Recovered On 10th

Manchuria, June 11, (NCNA) - The United Democratic Army recovered Fengch'eng on June 9. Fengch'eng, just north of Anshan, is an important town on the railway of Antung, Mukden and Antung. Szetaize, linking Anshan, Chiuchuang and Liukiao, Chik railway towns north of the town, were four recovered at the same time.

The Headquarters of the 27th Regiment of the Kuomintang Independent 9th Division, together with over 100 men, were destroyed and seven locomotives left behind by the KMT troops were taken.

This advance brings back over 35 miles of the Mukden-Antung Railway under the control of the People's Liberation Forces and puts Antung into an isolated position.

Iron Mining Center Northeast of Mukden, and Szepingkai Airfield Taken by UDA Forces

Manchuria, June 14 (NCNA) - Pushing northward along the Mukden-Antung Railway, the United Democratic Army took, at noon June 11, entered into Chiaotou and Nanten, two railway stations just five miles south of Pensihu, an important iron mining center southeast of Mukden. The retreating troops suffered losses of some men and left behind one locomotive and five motor vehicles. In the morning on June 11, the UDA forces took Szepingkai airfield to the west of the city. 362 men of the KMT Transportation Company of the 71st Army and a battalion of the Peace Preservation Corps garrisoning the airfield were wiped out.

PLA Recapture Over 30 Towns In Central Hopei, Including Tsangchow

CENTRAL HOPEI, June 15 (NCNA) - In its offensive on the northern section of the Tientsin-Pukow Railway the PLA forces of Central Hopei captured Tsangchow county town in the morning of June 13. Tsangchow, southwest of Tientsin, is an important town on the Tientsin-Pukow Railway and the Grand Canal.

The KMT puppet 6th garrisoning these many towns Peace Preservation Column garrisoning the town was completely wiped out. A 70-mile stretch of the northern section of the Tientsin-Pukow Railway between Chechiang and Chiehti in the south again comes into the hands of the people and the Central Hopei Liberated Area is linked together with the Pohai Liberated Area on the Shantung coast. The People's Liberation forces are still on advance.

KMT Life-line Between Peiping, Tientsin and Peiping-Paoting Cut

Central Hopei, June 15 (NCNA) - The Peiping-Mukden Railway between Yangtsun and Lofa and between Chating and Cheku was cut into several sections by the PLA of East Hopei in the night of June 12. The huge iron bridge spanning the Tsaoho six miles north of Paoting on the Peiping-Hankow Railway and over which the KMT military supplies flowed north and south between Peiping and Tientsin and between Peiping and Paoting have been interrupted.

Over 30 Towns Recovered by PLA on Tientsin-Pukow Line

Central Hopei, June 13 (NCNA) - In a sweeping large-scale offensive that covered a great length of the northern section of the Tientsin-Pukow Railway between Chinghai in the north to Tsangchow in the south, the strong PLA forces on June 14 recovered more than 30 towns and townlets after 48 hours of bitter fighting. A great loss of men has been inflicted on the KMT forces

PLA Forces In Jehol Take Chihfeng, Ningcheng & Kelshinicheng

North Shansi, June 11 destroyed and all its supplies at the same time lost. The retreating KMT registered Chihfeng troops ran to the east.

June 6 took the Ningcheng county town and Heishuicheng west of the railway linking Ch'ihfeng and Yehposhou. Ningcheng is an important town on the highway between Chihfeng and Pingchuan.

The KMT garrison troops fleeing from the town were intercepted by the People's forces, and 10 of their trucks were destroyed and 100 camels taken.

The pursuing units of the PLA on June 8 caught up with the KMT 2nd Regiment of Temporary 22nd Division of the 93rd Army fleeing southward from Chihfeng at Saochiatze, southwest of Chihfeng. A part of the fleeing force was

HUANHSIEN RECOVERED BY NORTHWESTERN PLA

North West, June 17 (NCNA) - On June 16, the Northwestern People's Liberation Army recovered the Huanhsien county town of Liangtang, and completely wiped out two brigades of Ma Hung-pu's 81st Reorganized Division (originally army), together with a battalion as well as the regiment of the 2nd Cavalry Brigade of the KMT Northwestern troops. Huanhsien had been a stronghold of the KMT for attacking Lungtung.

Now not a single KMT

Now not a single KMT soldier is to be seen in the areas west of the Chihfeng-Yehpohou Railway.

Kienping, Tienyi Recovered

Jehol, June 11 (NCNA) - After recovering Chihfeng and Ningcheng the PLA in Jehol recovered the Kienping county town and Tienyi on the Chihfeng-Yehposhou Railway on June 8. A part of the KMT Temporary 18th Division of the 93rd Army fled southward. Kienping is an important highway hub east of the Chihfeng-Yehposhou Railway. The PLA withdrew from the towns of Kienping and Tienyi last October.

山东胶东军区政治部制《反对卖国内战坚持独立民主和平》宣传画

1946年
山东博物馆藏

1946年8月11日山东胶东军区政治部制。宣传画介绍了1946年8月10日夜，驻青国民党之交通警察十五纵队第一大队全体官兵四百余人，在王大队长一番率领之下，反对内战，于南泉坚决举行武装起义，在广大军民热烈欢迎下进入胶东解放区，增加了争取和平民主的力量。

胶东新华书店出版
《中华民族解放斗争史》

1946年10月
乳山市文物保护中心藏

1946年胶东新华书店出版，胡绳主编，华善学著作，全书共分10章，记述了虎门销烟、第一次鸦片战争、太平天国运动、第二次鸦片战争、捻军起义、苗族起义、回族起义、洋务运动、甲午中日战争、戊戌变法、义和团运动、八国联军侵华、辛亥革命等近代以来中国发生的主要历史事件。书后按照时间顺序附中华民族解放斗争年表。

第二章

土地改革
耕者有田

中国民主革命的基本问题是解决农民的土地问题。1946年9月1日，根据中共中央指示精神，中共中央华东局（1945年12月在临沂成立）发出《关于彻底实行土地改革的指示》，对土地改革的原则、政策、方法和步骤做出具体规定。随后，山东解放区开展了大规模的土地改革运动。山东解放区通过土地改革运动，废除封建土地制度，实现"耕者有其田"，完成了农村社会生活的变革，具有伟大而深远的历史意义。这一翻天覆地的变化，激发出了山东农民难以估量的革命热情。

中共华东中央局
关于彻底实行土地改革的指示

（一九四六年九月一日）

中央"五四"指示关于土地改革的基本精神，在于消灭封建剥削，实现耕者有其田；在于用一切有理合法的方法，使农民从地主手里取得土地，并从封建的土地关系上解放出来。正如中央指出：这是我党目前最基本的历史任务，是目前一切工作的基本环节，要求我们在今年年底以前，全部或大部获得解决。特别在今天一切为争取自卫战争胜利前提之下，更须迅速从土地改革运动基础上，开展各方面工作和发动人民为保卫解放区，粉碎国顽进攻。也只有在自卫战争胜利条件之下，才能保证农民已得的土地与土地改革政策的实行。因此，支援前线，补充兵员工作，又必须与土地改革紧密的结合着。但处在国顽大举进攻我华东新的情况之下，在某些地区就不可避免影响土地改革，这就必须根据不同的地区，按不同的情况，确定工作的缓急先后。如土地已经解决而非战争的地区，除加强生产外，应充分注意发展与巩固农会和民兵，并培养提拔群众干部，发展巩固党的组织，改造区村政权与掌握民兵武装，有组织的有计划的支援前线与扩军。如已经清算而未彻底解决土地的地区，应迅速清理斗争果实，与复查公平合理统一分配，以发动群众充实各种组织，支援前线与补充兵员。如根本未实行土地改革地区或空白村，应迅速以全力实行，发动群众支援前线和参军。凡接近战区与边沿区土地改革问题，除依照中央"五四"指示

263

中共华东中央局《关于彻底实行土地改革的指示》（局部）

中共胶东区党委宣传部编印
《土改复查参考材料》（第四册）

1947年
山东博物馆藏

中共胶东区党委宣传部于1947年8月8日编印，内刊载《威海市通过复查改造一个村支的经验》《冀鲁豫土改总结报告》《各地土改复查口号汇集》3篇文章。1947年2月21日，中共中央华东局发布《关于目前贯彻土地改革土地复查并突击春耕的指示》，在肯定前段土改取得伟大成绩的前提下，指出了土改中存在的不足，强调进行土地改革与土改复查是发动全解放区人民积极参加自卫战争与积极开展生产运动的中心环节。4月底和5月初，中共中央华东局又分别发出《关于贯彻土地复查的指示》和《关于土改复查补充指示》。按照中共中央华东局的指示精神，从1947年2月至12月，山东解放区进行了土改复查工作。

翻身农民全家围看土地证

冀鲁豫边区行署地契

1947年
德州市博物馆藏

　　该地契钤印"冀鲁豫边区行署",属于解放区田房买卖契约,业主姓名:郭凤岐,籍贯山东省德市县三区辛庄村,原业主姓名:白圭章,籍贯山东省德县三区马市街村。契约中还列有地名及地形、田地或房图、面积亩数、地质等级、监证人姓名及公章等信息。

　　地契作为见证我国土地权属变更的重要历史资料,真实地反映了我国不同历史时期的土地所有权制度、土地所有权属变更以及土地的管理制度,甚至也反映了某一历史时期的社会经济、政治、文化的发展状况。

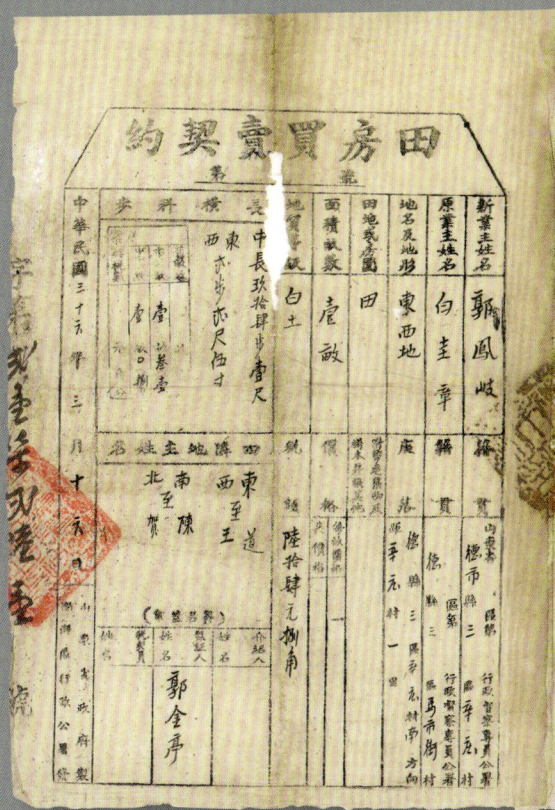

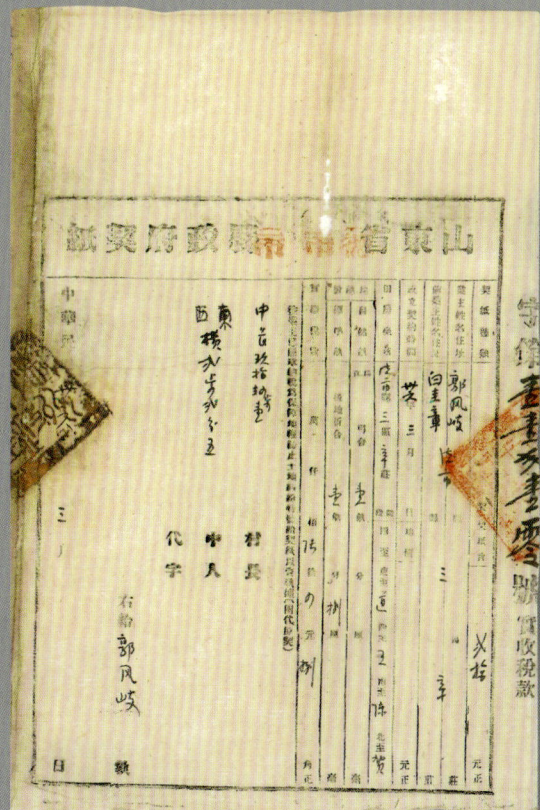

大众日报社编印《土改整党丛书》（第一辑）

1948年6月
山东博物馆藏

大众日报社1948年6月编印。《土改整党丛书》（第一辑）分十个部分，内容有：目前形势与我们的任务、中共中央关于公布中国土地法大纲的决议、中国土地法大纲、中共中央关于在老区半老区进行土地改革与整党工作的指示、土地改革中的几个问题、山西崞县是怎样进行土地改革的、农村民主问题、陕甘宁绥德县黄家川调剂土地经验、晋察冀平山县老解放区整党经验等。

尚庄土改清算委员会立献地字据

1946年4月8日
淄博市博物馆藏

　　原文内容大致为愿将粗粮、食粮、羊、田地等交于部门，立此字据为证，中人为农救会、清算委员会，时间为1946年4月8日。1979年6月张店区四宝山文化站张成友征集，四宝山公社尚庄张聿河捐献给淄博市博物馆。

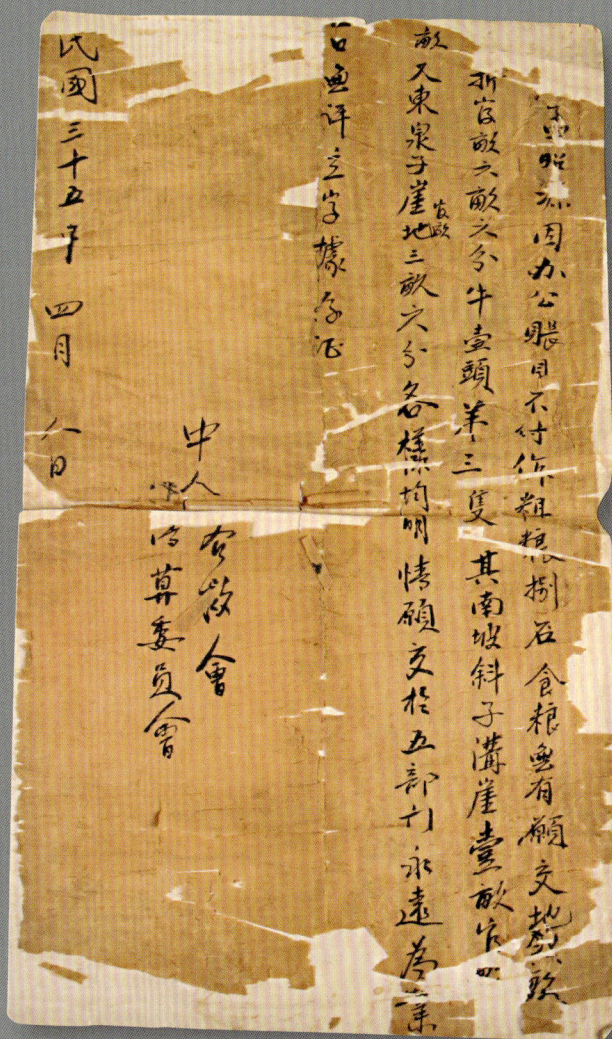

土地改革原始记录

解放战争时期
青州市博物馆藏

　　土地改革原始记录3册，是解放战争时期青州东朱鹿村进行土地改革的真实记录。一册为村民名单，分别记录了地主、富农的人名、年龄及相关情况，土地折算情况和贫农分地户名单。一册为折算后每个村民所得土地数量。富农献出自己的原有土地，折算成人均土地数，并单独记录了军工烈属补充地数单和贫民补充地数单。另有一册内容复杂，应为所有者日常记录。

　　1950年，中央人民政府颁布《中华人民共和国土地改革法》，进行土地改革，而青州的土地改革运动早于全国，从1946年即已开始，到1951年4月，青州的土地改革基本结束。土地改革运动改变了青州封建社会的经济制度，合理分配土地，确定地权，颁发土地证。

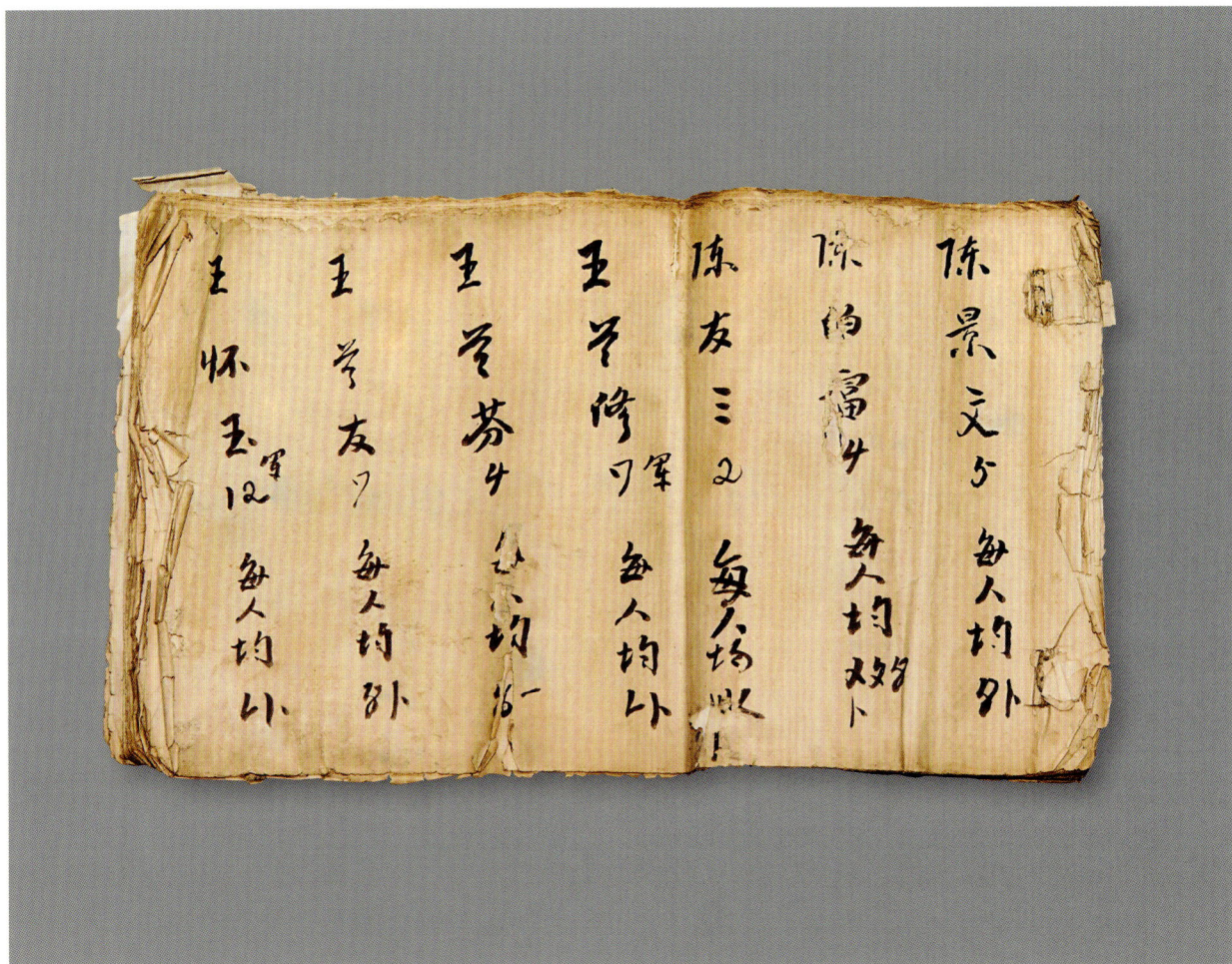

据当时的青州境内各县统计，共没收和征收3331户地主、富农的土地61042亩，房屋17530间，农具17536件，粮食199.6万斤，牲畜1056头。19129户无地或少地农民分到了土地，4126户分到了房屋，2549户分到了牲畜，4714户分到了农具。

土地占有状况发生了重大变化，贫雇农占有耕地由土改前的40.1%提高到48.42%，中农占有耕地由46.3%降为45.52%，地主、富农占有耕地由13.6%降为5.28%。人口与土地占有比重基本趋于平衡。

张心田

1907—1988

　　原名李善堂，号李修先，又名李风，山东广饶人，1939 年 8 月加入中国共产党。1940 年底任博兴县农救会主任，1942 年到沾利滨地区开展工作，先后曾任滨东区委书记、滨县各救会主任、滨县县长、渤海专署民政科长兼司法科长、安徽省委农村工作委员会主任、安徽省委农村干部学校党委书记兼校长等职。

张心田关于土地改革等工作的记录本

1947年
滨州市滨城区文物保护修复中心（滨州市滨城区博物馆）藏

　　1947年，张心田任滨县各救会主任期间，参加渤海区土改整党会议时的记录。1947年7月至9月，全国土地会议召开。10月8日，渤海区党委召开土改整党会议，传达全国土地会议精神。这次会议历时138天，时任滨县各救会会长的张心田参加此次会议，并将土地改革工作方针路线和政策以及他对土地改革工作的认识和看法做了详细记录。

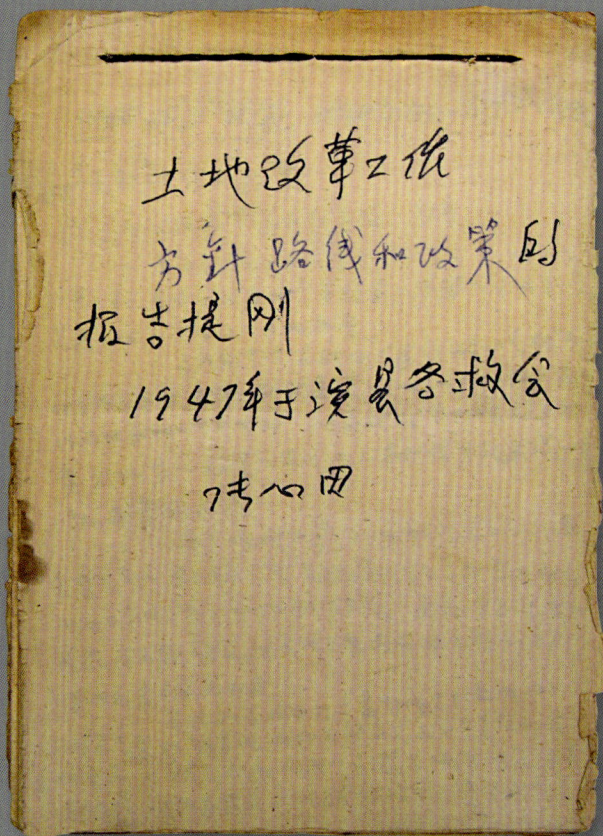

中共渤海区党委印《中共中央关于在老区、半老区进行土地改革工作与整党工作的指示》

1948年3月5日
青州市博物馆藏

中共渤海区党委1948年3月5日印发，1948年2月《中共中央关于在老区、半老区进行土地改革工作与整党工作的指示》，后附晋察冀平山县老区土改中整党经验。

土地改革运动受到了广大贫苦农民的拥护。1948年2月，中共中央下发《中共中央关于在老区、半老区进行土地改革工作与整党工作的指示》。3月5日，中共渤海区党委及时对中央最新指示进行印制以传达精神。

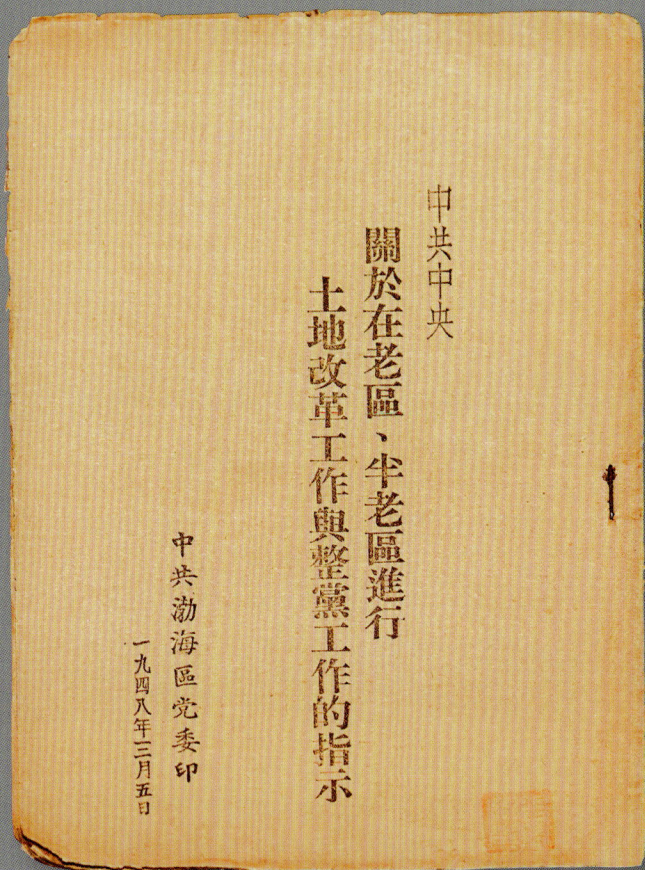

中共中央
關於在老區、半老區進行
土地改革工作與整黨工作的指示

中共渤海區党委印
一九四八年三月五日

冀鲁豫书店版《中国土地法大纲》

1948年
郓城县博物馆藏

　　解放战争时期，在人民解放军转入战略进攻之后，为了维护广大农民利益，进一步激发人民群众支援解放战争的积极性，1947年7月至9月，中共中央在河北平山县西柏坡村举行全国土地会议，于9月13日通过了《中国土地法大纲》，于同年10月10日由中共中央公布施行。大纲共16条，其主要内容是废除封建性及半封建性剥削的土地制度，实行"耕者有其田"的土地制度，土改前的土地契约、债约一律缴销等。1977年郓城县文化馆征集。

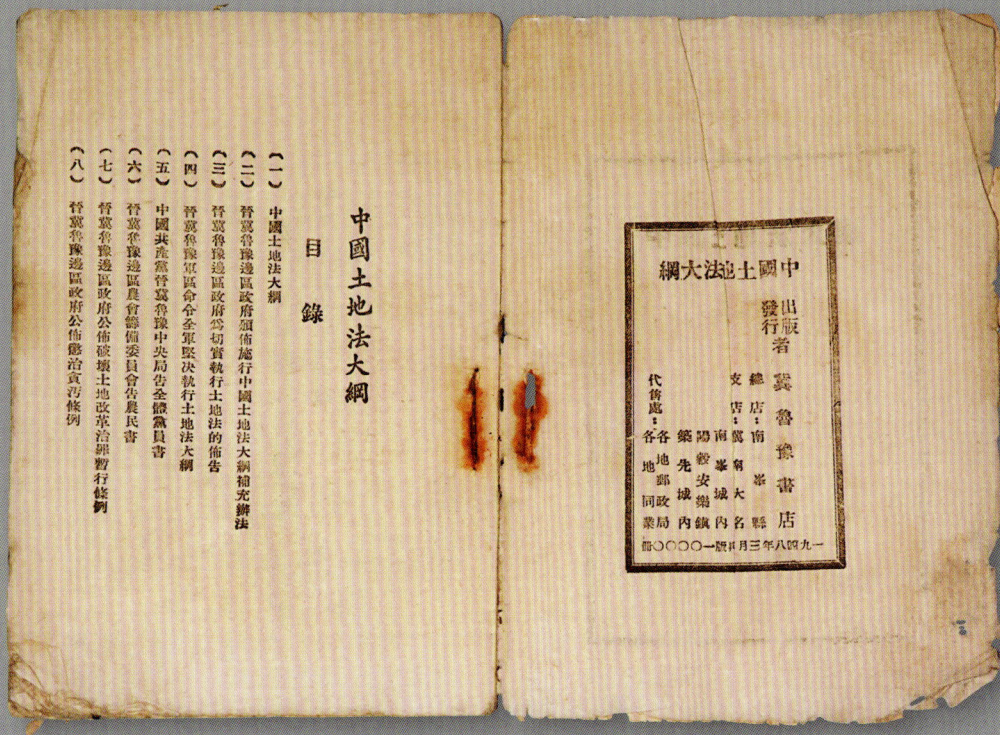

山东省胶东区行政公署公布令
（财字第壹号）

1946年
山东博物馆藏

1946年5月15日，山东省胶东区行政公署关于整理土地等级陈报登记暂行办法的公布令，财字第一号。附《山东省胶东区整理土地等级陈报登记暂行办法》，共十条，目的是为求地亩进一步准确，使农业负担进一步合理。根据胶东区各地情形，制定山东胶东区整理土地等级陈报登记暂行办法三种。

　　冀鲁豫区党委宣传部印《中国土地法大纲》和冀鲁豫行政公署关于颁发土地证的工作指示。

　　《中国土地法大纲》内刊载《中国共产党中央委员会关于公布中国土地法大纲的决议》《中国土地法大纲》《晋冀鲁豫边区政府颁布施行中国土地法大纲补充办法（草案）》《晋冀鲁豫边区政府公布破坏土地改革治罪暂行条例》《中国共产党晋冀鲁豫中央局告全体党员书》《晋冀鲁豫边区农会筹备委员会告农民书》六篇内容。

　　冀鲁豫行政公署关于颁发土地证的工作指示，主要内容为老区半老区在冀鲁豫边区进行土改工作的情况下，各区急需结束土改，正式发土地证，确定地权，以利发展生产。大部分村庄随着土地工作的结束，转入确定地权，颁发土地房产所有证。冀鲁豫边区参照晋冀鲁豫边区政府晋察冀边区行政委员会的命令（民社字第九号）作出指示：强调了工作目的、丈量土地与统一地亩、堤压河占道路占地之处理等问题。

冀鲁豫区党委宣传部印
《中国土地法大纲》

1947年9月13日
曹县档案馆藏

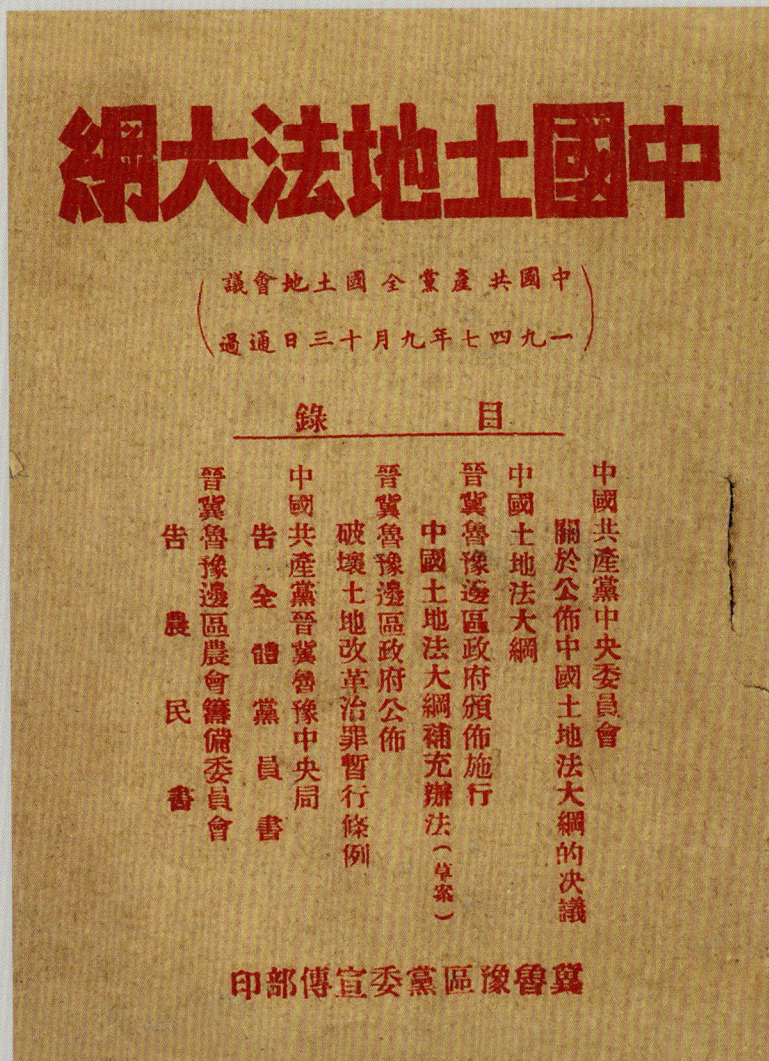

中國土地法大綱

（中國共產黨全國土地會議
一九四七年九月十三日通過）

目　錄

中國共產黨中央委員會

關於公佈中國土地法大綱的決議

中國土地法大綱

晉冀魯豫邊區政府頒佈施行

中國土地法大綱補充辦法（草案）

晉冀魯豫邊區政府公佈

破壞土地改革治罪暫行條例

中國共產黨晉冀魯豫中央局

告 全 體 黨 員 書

晉冀魯豫邊區農會籌備委員會

告 農 民 書

冀魯豫區黨委宣傳部印

⚑

《冀鲁豫行政公署关于颁发土地证工作指示》

1948年12月4日
曹县档案馆藏

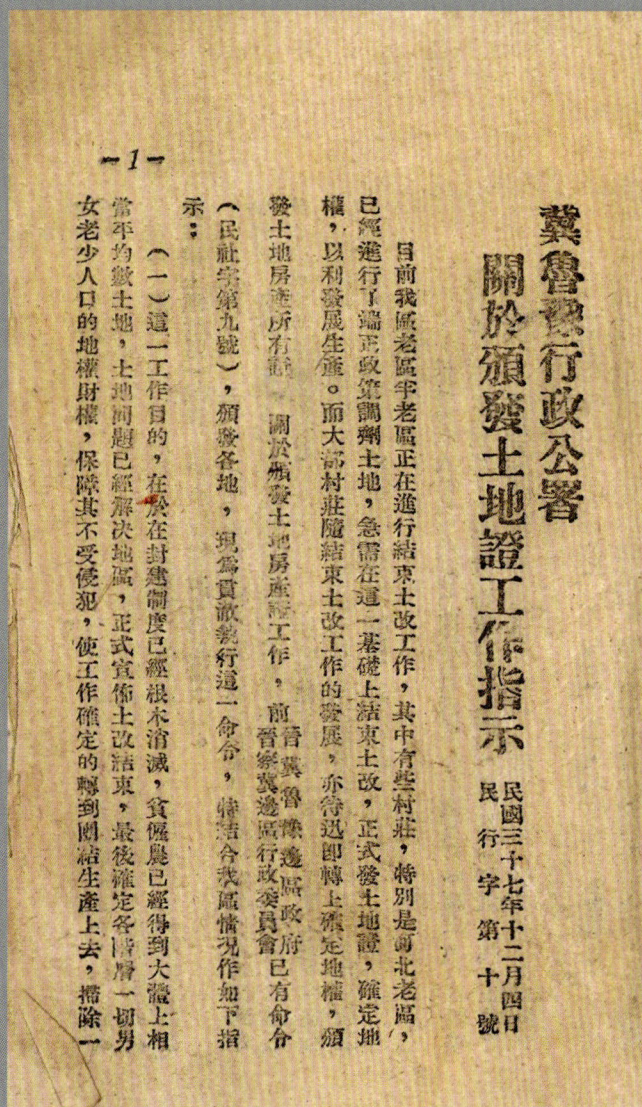

冀魯豫行政公署
關於頒發土地證工作指示

民國三十七年十二月四日
民行字第十號

目前我區老區平老區正在進行結束土改工作，其中有些村莊，特別是冀北老區，已經進行了端正政策賠補土地，急需在這一基礎上結束土改，正式發土地證，維定地權，以利發展生產。而大部村莊隨結束土改工作的發展，亦將迅即轉上維定地權，頒發土地房產所有證。關於頒發土地房產證工作，前晉冀魯豫邊區政府已有命令，前晉察冀邊區行政委員會亦有命令（民社字第九號），頒發各地，現爲貫欲欲行過一命令，特結合我區情況作如下指示：

（一）這一工作目的，在於在封建制度已經根本消滅，貧僱農已經得到大體上相當年的數土地，土地問題已經解決地區，正式宣佈土改結束，最後維定各階層一切男女老少人口的地權財權，保障其不受侵犯，使工作確定的轉到團結生產上去，掃除一

— 1 —

莒南县大店镇农会印

解放战争时期
莒南县博物馆藏

1946年冬临沂县农民召开土地改革动员大会

莒南县大店镇农会印，寿山石材质。1940年10月，在中共莒南县委领导下，莒南县农民救国会（简称农救会，1944年至1945年10月期间称农民抗日救国会）成立，会长由县各救会会长曹明楼兼任。同时在已解放的地区陆续筹建区级、村级农民组织。至1942年，各区、村均建立起农救会，成为发动农民参加抗日和大生产运动中的组织力量。1947年，农救会改称农民协会（简称农会），在组织农民群众反封建的斗争中起了重要作用。同年7月，中共滨海地委召开联席会议，总结土改复查情况。12月，根据中共滨海地委指示，莒南县土改复查工作停止。1948年淮海战役开始，全党全民投入支援前线，农会机构撤销。

山东省政府布告
（民字第三十六号）

1946年
沂源博物馆藏

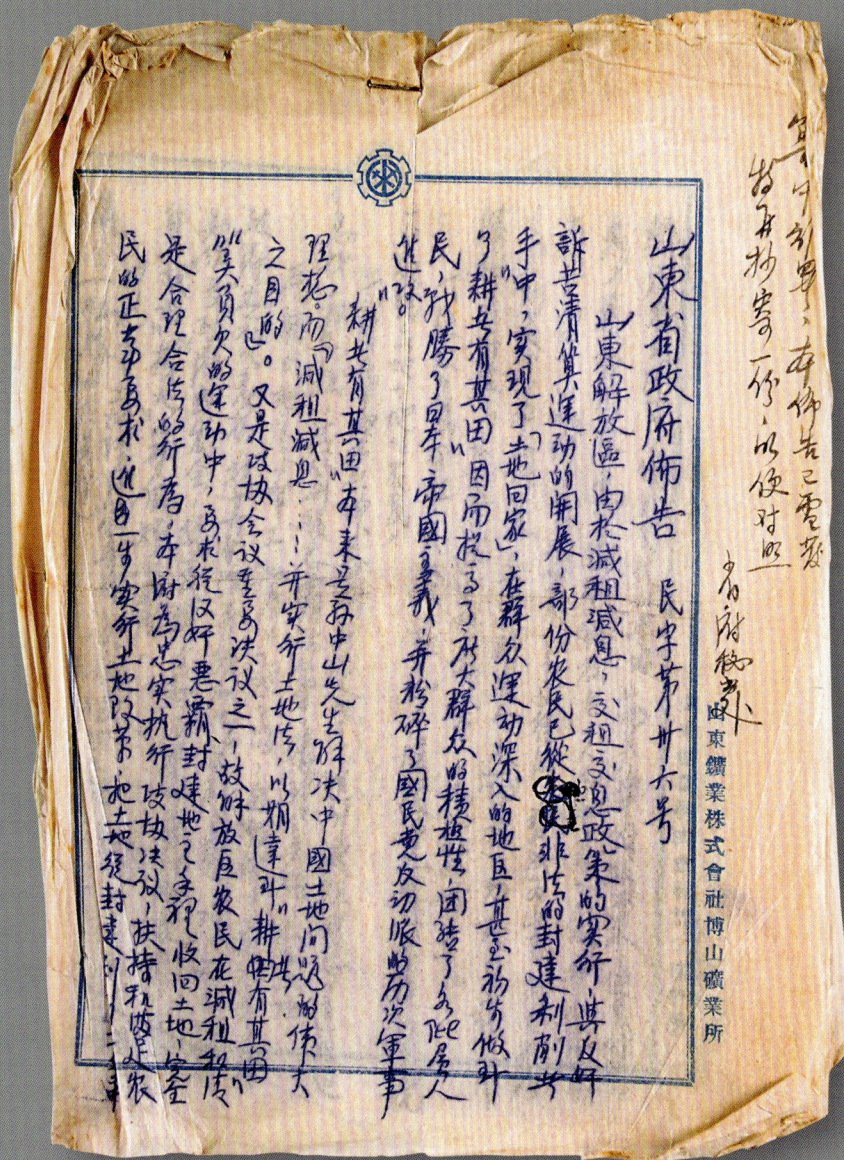

山東省政府佈告　民字第廿六号

山東解放區，實行減租減息，交租交息的政策的實行，其及許共清算運動的開展，部份農民已從……手中，實現了「土地回家」，在群衆運動深入的地區，其更初步做到了耕者有其田，因而获了到大群众的積極性，團结了其他居人民，取勝了日本帝国主义，并粉碎了国民党反动派历次军事進攻。

耕共前其田本来是孙中山先生解决中国土地问题的伟大理想，而「減租減息」……開实行土地法，以期達到耕者有其田之目的。又是政协会议重要決議之一，故解放区农民在减租减息運動中，为求彻底肃封建地主利剥，收回土地……是合理合法的行为，本府为忠实執行政协决议，扶持耕农……民的正当行为求，……一步实行土地改革，土地处封建……

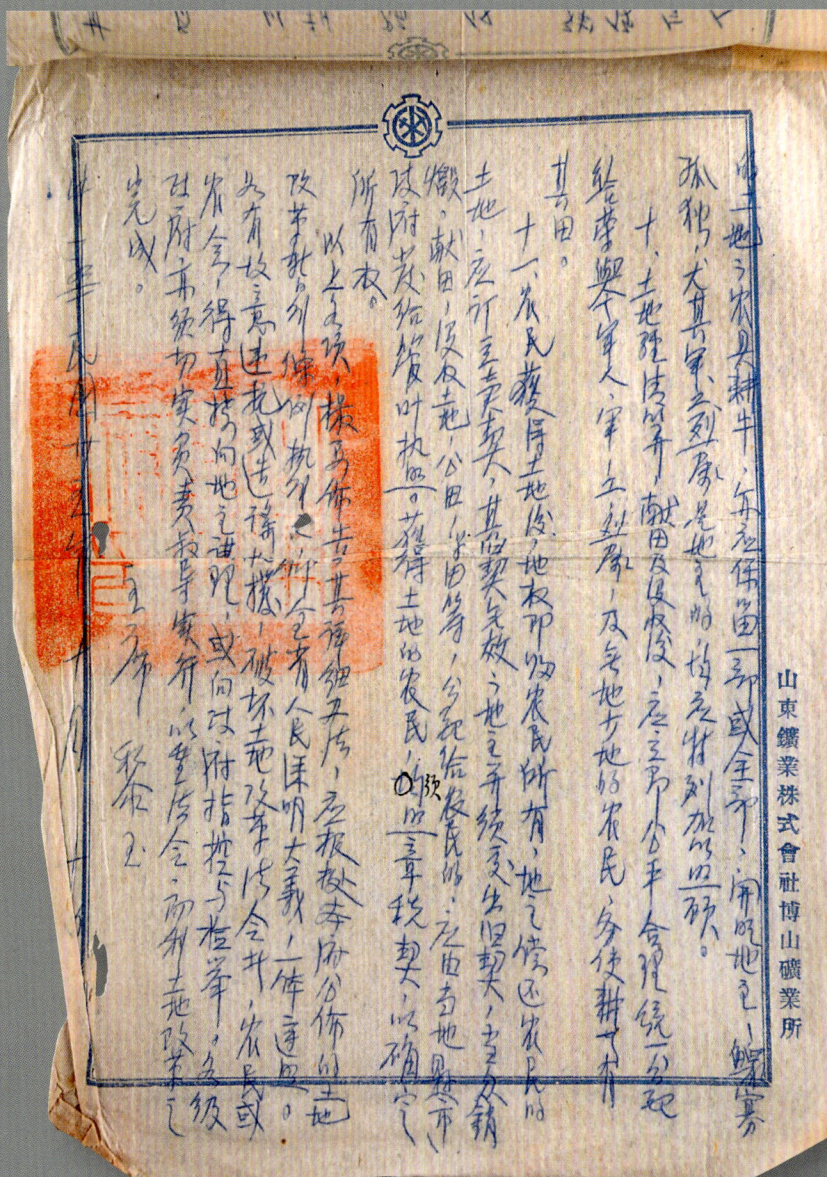

　　山东省政府布告（民字第三十六号），使用山东矿业株式会社博山矿业所稿纸手写复印，共4页。1946年，山东各解放区根据指示精神迅速开展了土地改革运动。这份布告复写稿是同年10月10日山东省政府发布的民字第三十六号文件的对照稿件，文件右上角有省府秘书处所作标注，文中列出了十一条土地改革详细办法以推动落实土地改革。通过实行土地改革，解决了土地问题，巩固了解放区，加强了对解放战争的强力支援。

山东省政府颁发
《山东省土地改革暂行条例》

1946年
山东省档案馆藏

根据中共中央《关于清算减租减息及土地问题的指示》，中共中央华东局于1946年9月1日发出《关于实行土地改革的指示》，山东省政府于1946年10月10日颁发了《山东省土地改革暂行条例》，山东解放区的土地改革运动陆续展开。土改共分三个阶段：第一阶段是发动群众开展土改的清算斗争，第二阶段是进行土改复查工作，第三阶段是在新收复区进行土改。至1951年3月，全省土改基本完成。

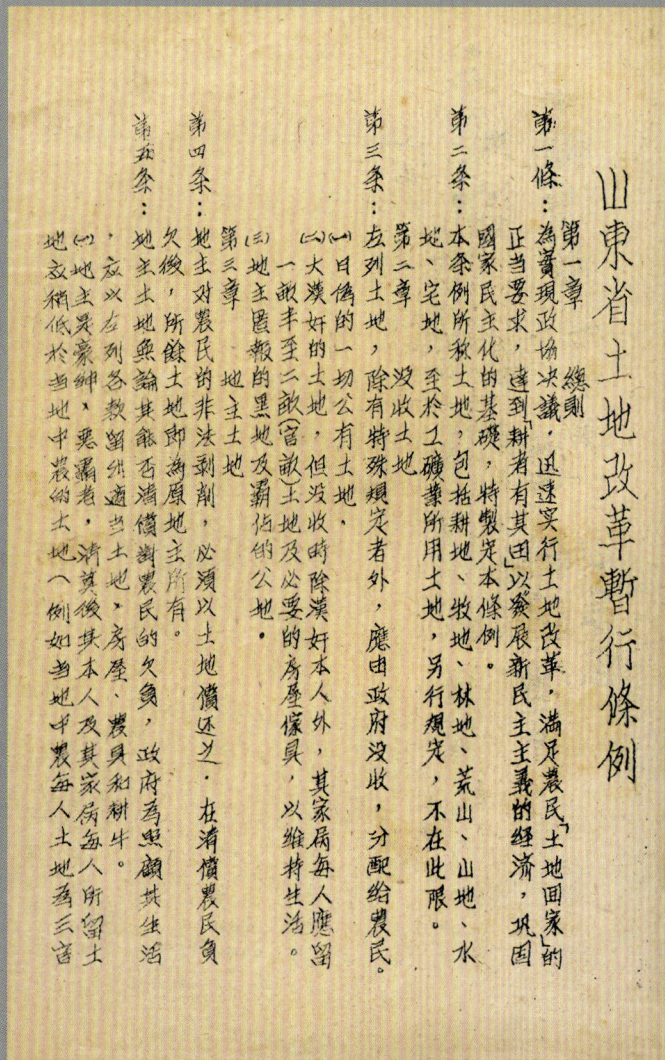

毛岸英在阳信县工作时期用过的桌椅

20世纪40年代
阳信县博物馆藏

木质桌椅，20世纪40年代毛岸英驻阳信县张集村时使用过的家具。1947年7月至9月，全国土地工作会议在西柏坡召开，通过了《中国土地法大纲》，全国各解放区掀起了轰轰烈烈的土地改革运动。1947年10月8日至1948年2月25日，中共渤海区党委召开土改整党会议（又称渤海区土地会议），参会人员550人。会议召开二十多天后被敌人发现，会议由阳信县李家桥转移到何坊大商村。随中央土改工作团转移来的毛岸英（化名杨永福）住大商村，在这里他充分了解了中国基层农村、农民的情况，弥补了国外上大学的不足，补上了"劳动这一课"。之后毛岸英在张集村时参与土地改革运动，与群众一起生活期间，作风朴素，严于律己，从不表露个人身份。1948年延安收复后，党中央电令赴山东土改工作团撤回。同年5月，毛岸英离开惠民。

毛岸英旧居（位于山东省惠民县何坊街道大商村）

第三章

利剑出鞘
披荆斩棘

　　1946年6月26日，国民党撕毁停战协定和政协决议，大举围攻中原解放区，全面内战由此爆发。山东是国共双方激烈争夺的战略要地和解放战争的主要战场，发生过鲁南战役、莱芜战役、孟良崮战役、鲁西南战役、济南战役等重大战役。鲁西南战役后，解放军各路大军相继由战略防御转入战略进攻，而国民党军队则被迫由战略进攻转为全面防御，标志着战争形势开始发生根本性转变。济南战役是人民解放军攻克敌人重点设防的大城市的开始，同时也是蒋介石以大城市为主的"重点防御"体系总崩溃的开始，揭开了解放战争战略决战的序幕。

莱芜战役后华东野战军部队通过庆功门

华东野战军战士向孟良崮540高地发起进攻

解放济南荣立战功的"济南第一团"

滨海军区政治部编印
《百日练兵材料之四——战士的书》

抗日战争时期
临沂市博物馆藏

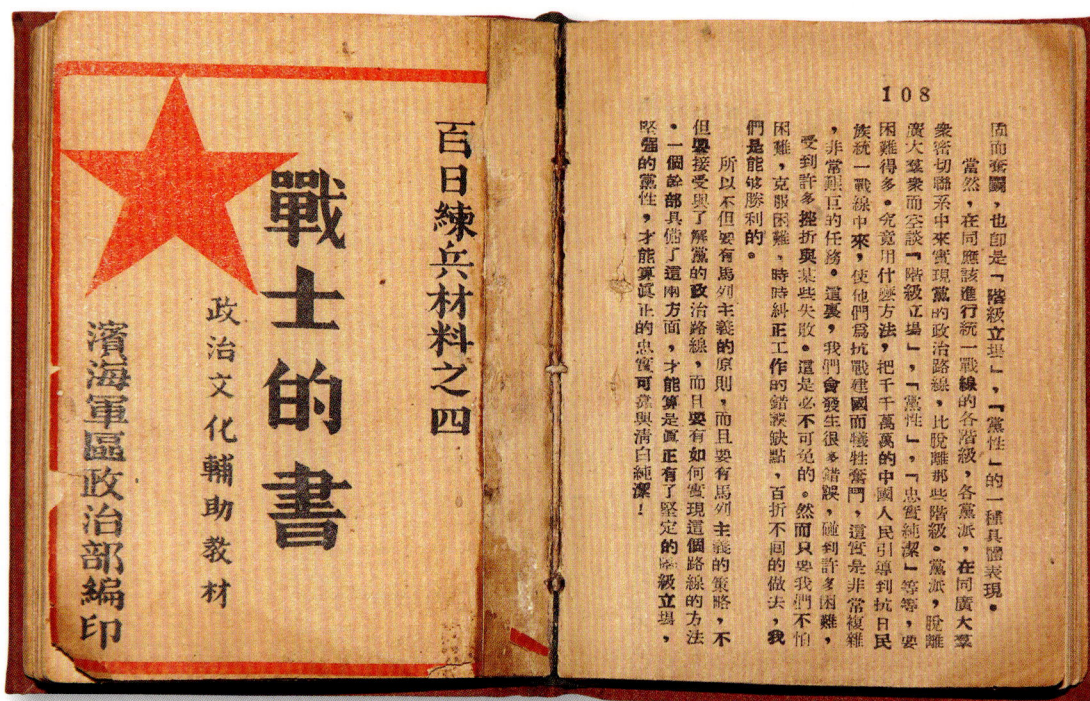

滨海军区政治部编印，共分六册，此为百日练兵材料之四，内容为《战士的书》，政治文化辅助教材。

1946年2月，中共中央华东局、新四军兼山东军区在临沂召开各区党委、各军区、各纵队领导干部会议，陈毅传达中共中央关于目前形势和任务的指示，提出练兵、减租、生产是当前解放区的中心任务。该材料即是在此背景下编印的，是各级干部学习的主要教材。

丁秋生

1913—1995

湖南湘乡人，抗日战争时期，先后在八路军山东纵队、鲁南军区任军队领导职务。解放战争时期历任山东野战军八师政委、华东野战军三纵队政委等职。中华人民共和国成立后任第七兵团政治部主任、华东军区干部部部长、海军北海舰队政委等职。1955 年授予中将军衔。

华东野战军三纵政委丁秋生使用过的书包

解放战争时期
沂蒙革命纪念馆藏

棉布材质，由丁秋生夫人捐赠。

🚩

华中新华日报社出版《鲁南大捷》

1947年
山东博物馆藏

刊文主要有《一月在鲁南》《祝鲁南三次大捷》《论鲁南大捷并向全军暨陈毅将军致敬》《华东权威军事评论家评鲁南大捷》《二十六师和快速纵队的歼灭》《干脆彻底歼灭五十一师》《人民军队的有力助手》《解放了的蒋军官兵》《重获解放的土地》9篇文章。

1947年1月，为粉碎国民党对山东解放区的全面进攻，山东野战军、华中野战军在鲁南地区与国民党军展开决战，歼灭国民党军两个整编师、一个快速纵队，共5.3万余人，缴获坦克24辆、汽车470余辆、火炮200余门，取得了对敌机械化部队作战的经验，为此后组建特种兵部队提供了武器装备。

华东部队根据中央军委关于集中主力歼灭鲁南之敌，并相机收复枣（庄）峄（县）地区、巩固鲁南的指示，于1947年1月2日晚向敌人发起突然进攻，至1月20日，先后歼灭进犯鲁南之敌两个整编师又一个快速纵队，攻克峄县、枣庄等地。图为鲁南战役中被解放军歼灭的国民党第一快速纵队的汽车正在燃烧。

目錄

一月在鲁南（代序）

一九四七年一月，在鲁南，人民解放軍自衛反擊進攻臨沂的蒋軍，取得空前輝煌的戰果，脆澈底殲滅蒋軍美械裝備的第廿六師、高度機械化的第五一師，一共五萬人。這個大勝利的鲁南戰役，即正式揭開了後來有名勝利的鲁南大戰役，就是後來的名勝利的鲁南戰役。

鲁南大捷的基本原因是：

解放軍自衛戰爭的進行是正義的，人民是擁護的，一切正義的戰爭不管如何曲折過程，終必獲勝，人民終必獲勝，這是毛澤東同志的民主戰爭必勝的理論。×××

「鲁南大捷，嚴重打擊了敵人，對扭轉華東蒋石重點進攻的戰略決定作了巨大的貢獻。」×××

戰略家陳毅將軍的和他麾下的秀當百萬將生！是毛澤東戰略家思想訓練出來的將軍和所率領的秀學生將軍！

華東野戰軍全體指戰員，以無比神勇，堅決完成化任務，創造了此一空前的華大勝利。×××

鲁南大捷的重要特點之一，是將石軍的第一快速縱隊（白崇禧、美械裝備的「鐵騎」機械化快速縱隊），在全殲。

×××

鲁南大捷的第一快速縱隊「鐵騎」，在二十小時內，全部就殲，這支有其「美械座托化遠」的機械化部隊，全部繳給了人民——繳給了一人民解放軍。

×××

鲁南大捷，敵我力量起了別，相互我最大壞在的壓倒優勢力的進攻鬥力，戰術即取得的鐵了相當大的戰果，無限遠地的猜牛就繳獲。

作為人民軍隊的有力助手，由山東解放區數十萬翻身得地的人民——子弟兵團和民兵熱烈的支援前線，在蕭條雪代化野戰兵難的條件下，保護碼化極端困團的風味彈藥供運，和揚份佳轉運零戰地勤務。×××

協同地信——各戰場的勝利配合，給鲁南大捷以勝利的保證。

一月份殲敵三萬，在渤海、膠東、鲁中友鄰城十三魯中以及膠濟、裡滄滬鐵路的戰役後，廣泛開展開滬擊戰，並且取得勝後。

陈家河战斗遗址出土的刀头

1947年
青岛市即墨区烈士陵园藏

　　铁质，2003年3月出土于即墨地区陈家河战斗遗址。1947年7月，国民党军队在鲁南战场失利。为牵制我军后方兵力和鼓舞士气，国民党拼凑了驻青即地区的主力部队和地方武装近万人，企图窜扰威胁我边沿地区。敌军出动后，胶东和南海部队全面进行阻击。1947年8月16日下午，解放军警三旅十七团从陈家河口沿着河道潜入陈家河村，攻击驻扎的国民党军，战斗一夜。次日凌晨临近天亮时，部分国民党军绕到村东南，在陈家河南崖制高点上架起机枪向北疯狂扫射，与村中的国民党部队形成合围态势。解放军来不及抢回牺牲的37名战友遗体而被迫撤退。后这37名解放军遗体被村民安葬在陈家河村。2003年3月由即墨市委组织发掘，此件铁刀头是出土文物之一。

莱芜战役时抬担架用过的门板

解放战争时期
济南市博物馆藏

　　莱芜战役是华东野战军在山东莱芜地区所进行的运动战。1947年1月底，国民党军队分南北两线进攻山东解放区。南线国民党军以八个整编师，分三路沿沂河、沭河北犯临沂，北线国民党军李仙洲集团三个军由明水（今章丘）、淄川、博山等地南下莱芜、新泰策应，同时从冀南、豫北抽调一个军及三个整编师集结在鲁西南地区，阻止华东野战军西撤和晋冀鲁豫野战军东援，企图同华东野战军主力在临沂地区决战。华东野战军以一部阻击南线之敌，佯作决战模样，主力则隐蔽兼程北上莱芜歼击李仙洲集团。战斗自2月20日开始至23日下午结束，歼敌五万六千余人，生俘国民党军第二绥靖区副司令长官李仙洲。

　　莱芜战役期间，据统计，共有62万余民工支前，共出动小车77500余辆，大车35300余辆，担架53900余副，牛5万余头，驴19900余头，挑子12000余副。浩浩荡荡的支前大军风餐露宿，跋山涉水，以对解放事业和对子弟兵的极大热爱，用肩挑、畜驮和推独轮小车，把难以计数的粮草、弹药及时地转运到北线。莱芜战役的胜利，除了有战役指挥员的高超指挥外，山东省支前委员会在发动、组织支前民工，筹集粮草，保证部队大兵团运动战中的物资供应，使战役顺利进行等方面起到了重要作用。

华东野战军政治部出版、山东
新华书店印行《莱芜大捷鼓词》

1947年
山东博物馆藏

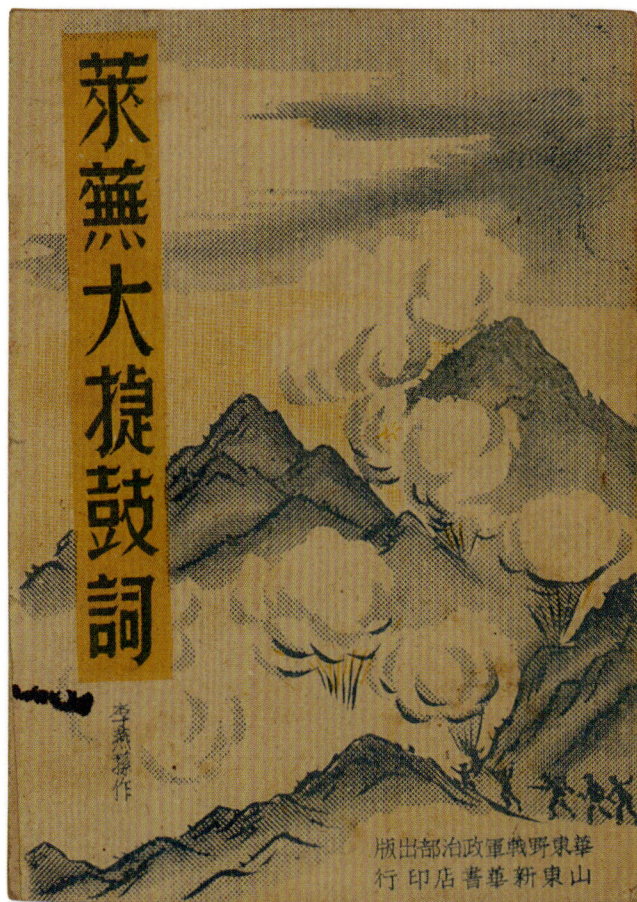

李燕荪创作，为战时小丛书之一。该鼓词以十字一句的鼓词语言对莱芜战役进行了生动描述，包括战前形势、群众支援、战役经过等，反映了当时解放区说唱文学的发展，具有浓郁的生活气息，是那段历史时期的真实写照。

1947年1月，国民党集中30万的兵力，分南北两线夹攻华东野战军。面对当时形势，华东野战军主动放弃临沂，主力秘密北上莱芜，并于2月20日至23日进行莱芜战役，连同次要方向的作战，共歼敌7万余人，俘获国民党第二绥靖区副司令长官李仙洲，开创了歼灭敌集团军的先例。

孟良崮战役我军使用的
捷克式ZB-26轻机枪

1947年
孟良崮战役纪念馆藏

捷克式ZB-26轻机枪是我军参加孟良崮战役时使用的武器。ZB-26轻机枪（又称捷克式ZB-26轻机枪，ZB26式，中国通称：捷克式轻机枪），是捷克斯洛伐克布尔诺国营兵工厂在20世纪20年代研制的一种轻机枪。ZB-26轻机枪除了装备捷克军队外，还大量外销，其中中国是使用数量最多的国家，不但采购，而且大量仿造。1927—1939年，根据捷克布尔诺工厂历史资料，一共运送给中国30249挺，在中国的仿造和购买数估计超过10万挺，抗日战争中，中国的兵工厂大约生产了近4万挺，仅重庆的21兵工厂就生产了1万多挺。

华东野战军第八纵队政治部出版
《火线——孟良崮之战》（第六期）

1947年
山东博物馆藏

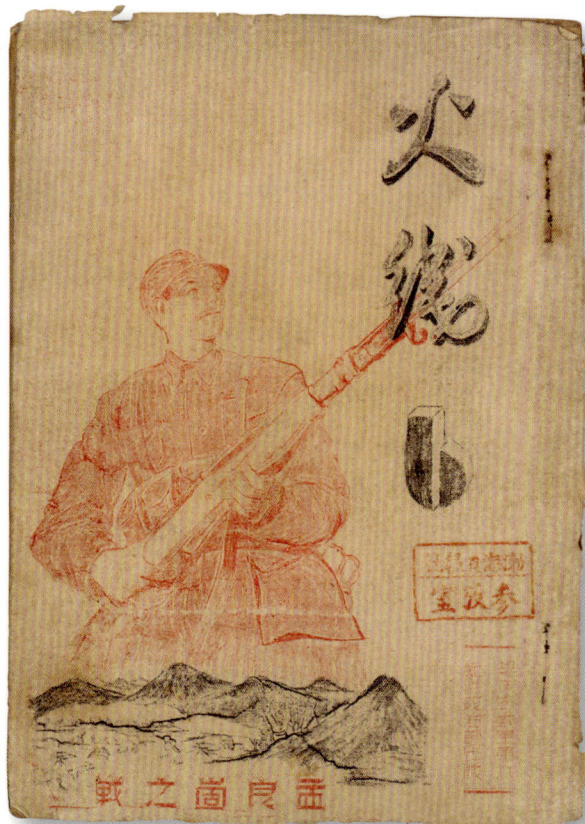

　　《火线——孟良崮之战》（第六期）以"五十二团五连配合友邻一举攻占五四零高地"记录了五十二团五连配合兄弟部队X师协同动作，完成攻占孟良以西侧540高地任务。

　　1947年3月，蒋介石为解决进攻兵力不足的问题，放弃全面进攻计划，改以陕北和山东解放区为重点，实行被称为"双矛攻势"的重点进攻。5月中上旬，当"五大主力"之首、全部美械装备的国民党整编第七十四师孤军冒进时，华东野战军抓住战机，将其包围在孟良崮地区。经过激烈鏖战，歼敌3.2万人，击毙该师师长张灵甫。孟良崮战役重挫了国民党军队对山东的重点进攻，蒋介石哀叹

"这是我军'剿匪'以来最可痛心、最可惋惜的一件事"，是"无可补偿的损失"。

　　1947年5月11日，进攻山东之国民党军主力自汤头、蒙阴、新秦、莱芜之线向北、向东进犯。其中第一兵团之整编第七十四师自垛庄地区北犯坦埠。华东野战军以四倍于敌的绝对优势兵力对敌实施中央突破，逼敌整编第七十四师收缩在孟良崮及其以北的狭小地区。5月16日，华东野战军向孟良崮之敌发动连续攻击，歼灭了敌自诩为"五大主力"之一的整编第七十四师及整编第八十三师一个团共32000余人，击毙整编第七十四师师长张灵甫。

孟良崮战役纪念碑

鲁西南战役指挥部使用过的圈椅

1947年
冀鲁豫边区革命纪念馆藏

鲁西南战役我军击毁敌坦克的零件

1947年
山东博物馆藏

鲁西南战役中，晋冀鲁豫野战军采取南北牵制、宽正面、多地段地突然强渡黄河，积极制造与捕捉战机，首战郓城，取得大捷。随后根据中央军委"积极在运动中寻找战机，消灭国民党军有生力量"的指示精神，把攻城与野战、分割与围歼相结合，先后攻克巨野、定陶等县城，创造了以15个旅的兵力歼敌4个整编师共9个半旅约6万人的战绩。在人民解放军的强大攻势下，国民党军队黄河防线全线崩溃，国民党军在南部战线的战略部署被打乱。人民解放军开辟了挺进大别山的道路，揭开了人民解放军战略反攻的序幕。

鲁西南战役烈士曾使用过的搪瓷碗

1947年
嘉祥县烈士陵园烈士纪念馆藏

鲁西南战役中解放军炮兵进入射击阵地

铁质搪瓷碗。鲁西南战役中，我军无数指战员血洒疆场，为国捐躯。嘉祥县的仲山镇高庄村、核桃园乡乐土村等属于鲁西南战役后方医院所在地，由于当时受到战争环境限制，部分牺牲的将士就近进行了安葬。1967年，为缅怀革命先烈、弘扬烈士精神，嘉祥县委、县政府将散葬在仲山镇高庄村、核桃园乡乐土村等地的烈士遗骸迁葬到了萌山脚下集中安葬。此搪瓷碗就是在迁葬过程中发现出土的，后为嘉祥县烈士陵园烈士纪念馆藏。

鲁西南战役指挥部使用的地图箱

1947年
冀鲁豫边区革命纪念馆藏

为保障三路大军战略进攻的用图需要，测绘人员夜以继日赶印地图。地图箱是鲁西南战役指挥部使用过的。在冀鲁豫边区革命纪念馆建馆之前，由郓城县党史委征集，唐方壁捐赠，后由菏泽市党史部门保管并于2000年移交给冀鲁豫边区革命纪念馆。

晋冀鲁豫野战军交通员渡黄河时用过的葫芦

1947年
冀鲁豫边区革命纪念馆藏

晋冀鲁豫野战军渡黄河时使用的葫芦，起到了漂浮的作用。

刘邓大军在鲁西南渡河时使用的木船

1947年
梁山县烈士陵园管理服务中心藏

1947年6月30日，刘邓大军强渡黄河期间，村民们自愿拆掉家里的门，献出各种木料、板材修造船只，在小船上面铺上木板和高粱秸秆，用木船连接成简易的浮桥。

解放军炮兵夜渡黄河

朱启雪在羊山集战役中荣立一等功获得的奖品钢笔

解放战争时期
冀鲁豫边区革命纪念馆藏

　　我军战士朱启雪在羊山集战役之后获得的一等功奖品。羊山集战役是解放战争时期刘邓大军为实现千里跃进大别山的战略意图，于1947年在济宁金乡县羊山集与国民党军队展开的战斗，是鲁西南战役的最后一仗，也是鲁西南战役中最激烈的一役，为挺进大别山打开了通道，实现了大举出击、经略中原的战略意图。羊山集战役中，解放军歼敌14000多人，加上羊山集外围作战共歼敌23000多人，击落敌机2架。缴获野炮12门、迫击炮16门、各种小炮102门、轻重机枪367挺、手提机枪158支、长短枪数千支、汽车36辆、电台7部、骡马400多匹。

羊山集战役解放军前线指挥部旧址

十三团一连一班齐家埠战斗
"登城第一班"锦旗

1947年
济南市博物馆藏

　　1947年6月底，为配合刘邓大军强渡黄河、千里挺进大别山，胶东军区部队奉命在山东潍县发动齐家埠战斗。1947年7月1日下午，第五师下属十三团、十四团、十五团向潍县东北齐家埠发起了攻击，迅速向纵深发展，只用两个小时即将郝荣梓一个团分割。激战15小时后，全歼国民党第八军独立旅三团等部2000余人，俘团长郝荣梓，毙团副王华，迫使寒亭国民党守军四个排投降，打掉了国民党插在胶东解放区西侧门户的隐患，帮助华野主力向胶济路南的鲁中方向胜利挺进。战后十三团一连一班被军司令部、政治部授予"登城第一班"称号。

定陶战役指挥部使用的办公桌

1945年
冀鲁豫边区革命纪念馆藏

冀鲁豫边区革命纪念馆之前，在筹委会和当地党委、政府的领导下，由山东、河南、河北省委党史研究室主要领导同志及三省有关地方和江苏徐州、安徽党史部门的主要负责同志，另外还有有关陈列方面的专家等组成的陈列委员会广泛征集的，这个办公桌是由定陶县委党史委征集，一千王乡捐赠，后由菏泽市委党史研究室保管并于2000年交给冀鲁豫边区革命纪念馆收藏。

1946年8月，国民党军从徐州、郑州集中了32个旅的兵力，分两路发动所谓"钳形攻势"，进犯冀鲁豫解放区，妄图消灭我主力于菏泽、定陶地区。晋冀鲁豫野战军以一部阻击徐州来犯之敌，集中主力迎击郑州来犯之敌，并趁敌"钳形攻势"尚未合拢之际，诱敌冒进，于1946年9月3日将战场西移菏泽西南的大杨湖、大黄集地区，发起定陶战役。经过五天激战，歼灭敌整编第三师等部共4个旅17000余人。

张慕韩

1913—1996

山东龙口人。1938 年 2 月入伍，同年 11 月加入中国共产党。曾任华东野战军第九纵队教导团团长、二十五师七十三团团长。在革命战争年代，他作战勇敢、作风顽强，特别是在济南战役中，组织指挥全团官兵率先突破济南内城，先后荣获独立功勋章和解放功勋章。中华人民共和国成立后被授大校军衔。

济南第一团团长张慕韩用过的左轮手枪皮腰带

解放战争时期
济南市博物馆藏

山东新华书店出版
《济南第一团》（鼓词）

1949年
山东博物馆藏

山东新华书店出版的部队文娱材料之《济南第一团》，以鼓词的形式歌颂解放战争中济南战役涌现出的英雄部队"济南第一团"。1948年9月，华东野战军发起济南战役，该团时为华东野战军第九纵队第二十五师第七十三团。第七十三团受领任务后，在团长张慕韩指挥下实施勇猛突击。23日下午最后总攻击开始，该团担任主攻任务，奉命在城东南角实施突破。由于国民党守军猛烈反击，登城云梯接连被打断，致使登城受挫。全团官兵百折不挠，反复架设云梯，前仆后继，浴血奋战，终于在24日凌晨2时许突破城垣。下午5时许，全团会同兄弟部队攻占了国民党守军指挥部，为全歼守军作出重大贡献。战役结束当天，中央军委即颁发嘉奖令，授予九纵二十五师七十三团"济南第一团"光荣称号。

《歌唱济南第二团》歌谱

20世纪中期
济南市博物馆藏

　　济南战役后编印的赞美"济南第二团"英勇战斗事迹的歌谱。1948年9月，当"济南第一团"向济南城东南角发起猛攻时候，华东野战军十三纵三十七师一〇九团，担负济南城西主攻任务，连续突破商埠、外城和内城三道防线，与兄弟部队形成相向之势攻克济南之城。9月24日凌晨4时，一〇九团突击部队发起对坤顺门的进攻。三营八连官兵奉命实施突击。在炮火掩护下，他们排除层层障碍，用长竹竿把炸药送上城墙。随着连续爆破，城墙出现缺口。第七连官兵随即架梯登城，消灭城墙突出部的守军，于拂晓前从城西南角突入。先插入城里的一〇九团第三连和九连在内城奋战7小时，发现后续部队没有跟进。在与上级失去联系的情况下，他们机动灵活，兵分两路，主动杀回突破口。两支突击队在城头会师，重新打开入城通道，后续部队相继涌入城内。一〇九团在攻坚济南的战斗中，指挥高效、战斗英勇、协同周密、保障有力，为大城市攻坚作战积累了丰富经验。

　　济南战役中，该团伤亡1190人。战役结束后，一〇九团被中央军委授予"济南第二团"荣誉称号。"济南第二团"前身系胶东军区特务团，1945年9月16日组建于山东莱阳城小寺庙，1947年2月，编为胶东军区第六师第十六团，4月上旬改番号为胶东军区第五师第十三团，8月下旬改番号为华东野战军第十三纵队第三十七师第一〇九团。

"济南第二团"的指战员集结在突破口

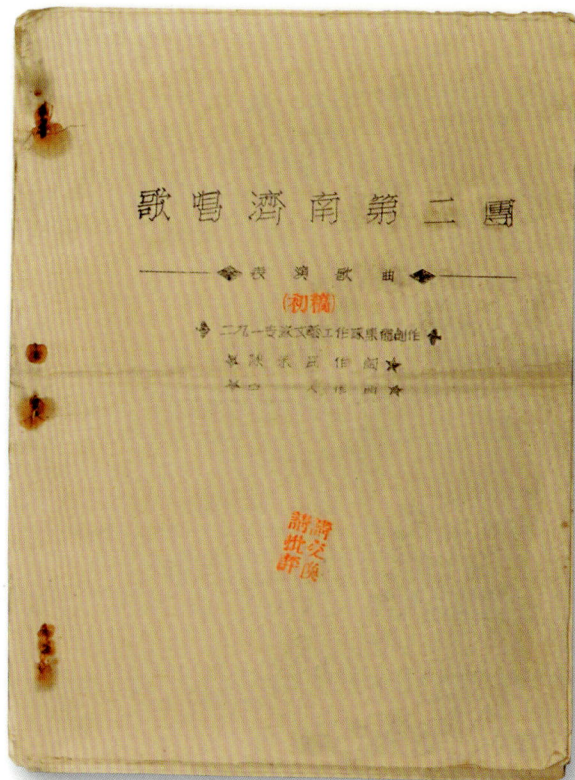

济南战役奖给二团九连一排 "军政全胜"锦旗

解放战争时期
济南市博物馆藏

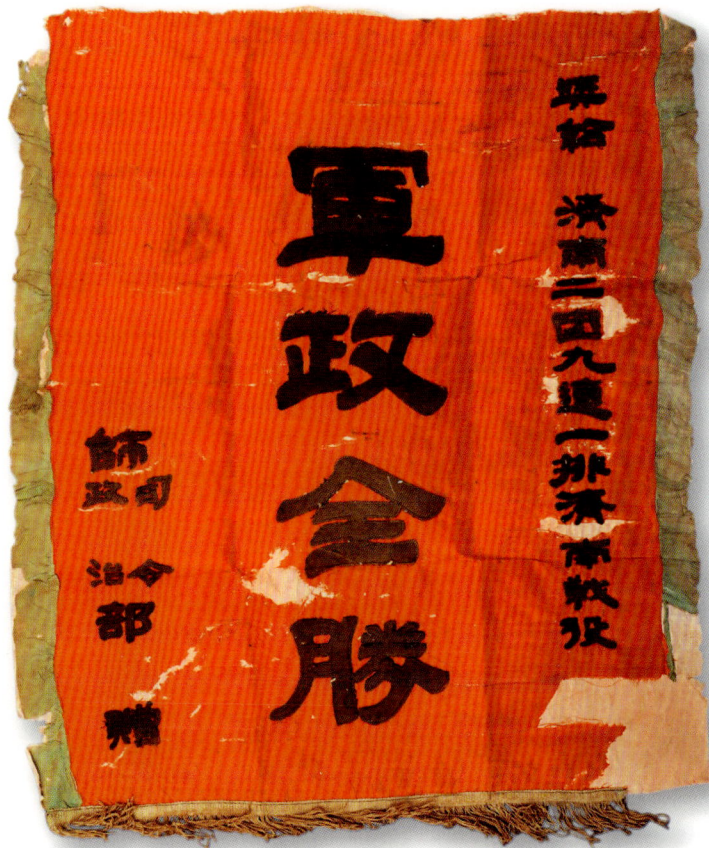

1948年9月16日，华东野战军打响了济南战役。东西攻城部队攻下外城后，立即攻取内城。内城是敌人最后顽抗的堡垒，城墙高大厚实，城下碉堡密布，墙上射孔数层，护城河河宽水深，守备内城的是王耀武的精锐部队。9月23日18时，东西两支攻城部队同时向内城发起总攻。第十三纵队三十七师一〇九团担任主攻，配合九纵队攻占内城。由于敌人火力猛烈，先行攻入城内的部队损失惨重。在师首长的指挥下，一〇九团再次发起进攻，炸开城墙，竖起云梯，九连冲进内城。一一〇团迅速从坤顺门突击，一一一团从一〇九团的突破口打上去，与敌人展开面对面厮杀，誓死坚守突破口。先插入城里的一〇九团九连与三连在内城奋战7小时，发现后续部队没有跟进。在与上级失去联系的情况下，他们机动灵活，兵分两路，主动杀回突破口。两支突击队在城头会师，重新打开入城通道，后续部队相继涌入城内。华东野战军终于在9月24日17时全歼内城守军，济南城解放。战后济南二团九连一排被师副司令部、政治部授予"军政全胜"称号。

海阳县政府给济南战役纪仁信烈士家属的通知信

1948年
山东博物馆藏

1948年11月10日海阳县政府给纪仁信烈士家属的通知信。通知信中高度评价了纪仁信为国牺牲的英雄壮举，给予家属享革命烈士家属优待，并说明了相关抚恤事项。

纪仁信，山东海阳人，1947年6月参军作战，1948年9月20日在济南战役中壮烈牺牲。

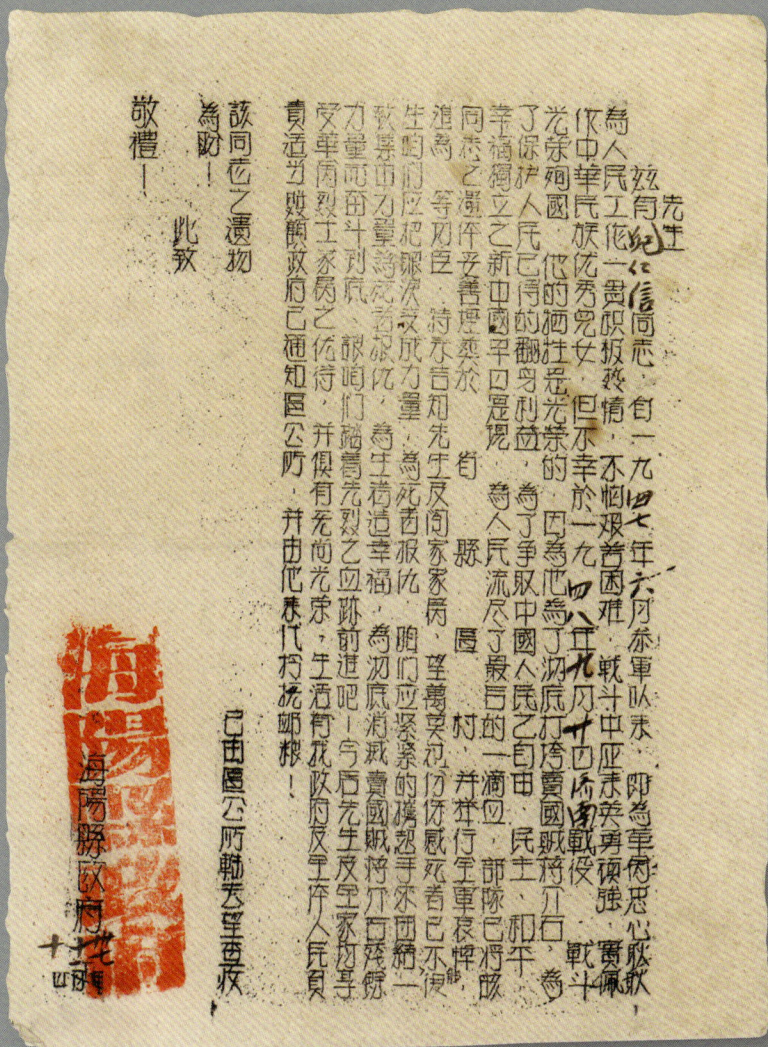

刘玉民活捉王耀武时使用手枪的皮套

1948年
寿光市博物馆藏

　　皮革制作，棕黄色。1948年9月16日，济南战役打响。9月24日，华东野战军攻克济南。时任国民党山东省政府主席、第二绥靖区司令长官的王耀武化装潜逃。行至寿光县境张建桥，被寿光县公安局政卫队缉获，并经审讯后证实。不久，中共中央华东局、华东军区和山东省政府对活捉王耀武立了大功的寿光县公安局及执勤公安战士刘玉民、刘金光、张宗学等通令嘉奖。此手枪套为刘玉民在活捉王耀武过程中使用手枪的皮套。

王建安在济南战役中使用的望远镜

1948年
济南市博物馆藏

望远镜机身为黑色，手握部分用防滑材料制成。目镜下方标有刻度，可旋转调节。底部标有NO.35160数字编号。望远镜以绸布包裹装在棕色皮盒内，镜身及盒均有系带。皮盒外罩以军绿色布套。1977年王建安捐给济南市博物馆。

济南战役时王建安任山东兵团副司令员，直接指挥济南战役。此望远镜为他勘探敌方战火、指挥战斗时所用。

济南战役中滕元兴的请战决心书

1948年9月1日
济南市博物馆藏

此决心书上面以自来水笔书写56字。全文内容为"连长、指导员：我要求完成最艰苦的任务，轻伤不下火线，重伤不哭叫，打下济南，为山东人民报仇，争取立功。战士滕元兴。民国卅七年九月一日"。纸上带有血迹、泪水斑痕。滕元兴是"济南第一团"登城的第三名战士，这是他在战前向党支部写的请战决心书，用血按上手印。1975年江苏无锡市机关党委彭超捐赠。

滕元兴，1930年生于山东掖县，1946年6月入伍并入党。1947年参加孟良崮战役荣立三等功一次，1948年解放济南获"登城英雄"称号，抗美援朝空战击落、击伤敌机各一架。离休前，任空一军纪律检查委员会副军职顾问。

1948年9月攻打济南内城的时候，九纵七十三团七连的战士李永江、于洪铎、滕元兴率先突击登上内城城头，与驻守气象台的几股企图顽抗到底的国民党军进行殊死搏斗，多次击退对方的反扑，最后把写着"打下济南府，活捉王耀武"的大旗插上了城头制高点——气象台。17岁的滕元兴在攻城之前的动员会上就火线入党，咬破手指写下血书，要求完成最艰苦的任务，打下济南。战役结束后，纵队授予李永江、王其鹏、于洪铎三位同志为"济南英雄"光荣称号，滕元兴立一等功。

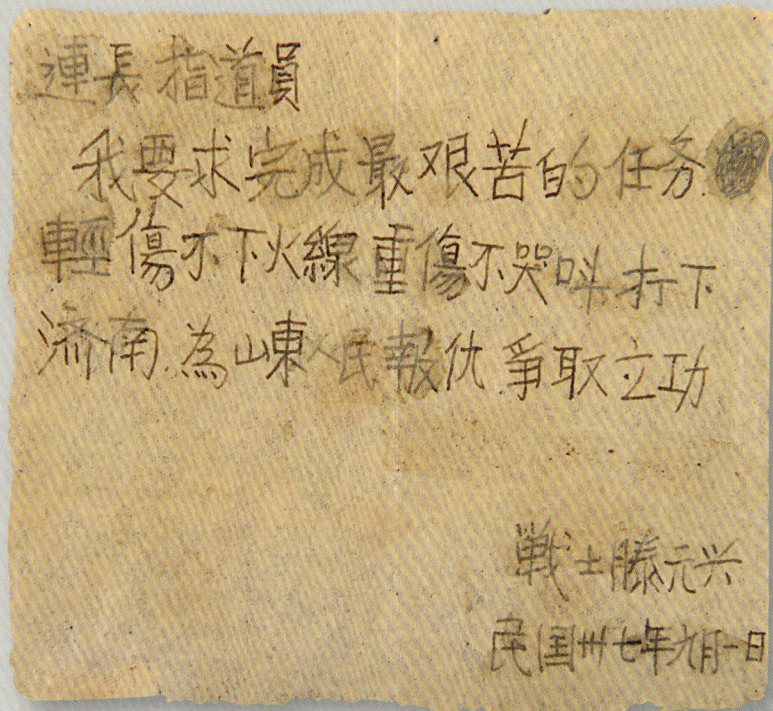

济南战役时解放军突击队冲向济南城东南角的突破口

我军审讯王耀武时用过的月星金笔

解放战争时期
济南市博物馆藏

　　1948年9月24日，济南获得全城解放，王耀武化名乔坫，与其中一名化名乔玉龙的卫士谎称叔侄，着便衣从济南北门流水沟出城。他们一行逃到寿光县的一个村庄时，寿光县公安局公安战士刘玉民、刘金光和张宗学正轮值站岗，王耀武一行被拦住后，经过反复多次的盘问与审讯，发现诸多可疑点和言语前后矛盾的情况。最后在正式审讯中王耀武承认了自己的身份，同时还承认为了转移我军的目标和注意力，在逃跑时布置一个秘书和副官在被俘虏时假冒自己，鱼目混珠，以假乱真。这支笔就是审讯王耀武时用过的月星金笔。

于洪铎

华东野战军九纵七十三团三营七连二班党小组长。1948年9月，济南战役中，在李永江第一个登上济南城后，战士于洪铎、滕元兴和机枪兵王会先后登上城头。七连战士们奋勇登城，基本占领城墙制高点。于洪铎在后续部队登上城头之前和守军顽强地反复格斗，击退数倍于己的守军的数次拼死反扑，牢牢守住了突破口，荣立特等功，被纵队授予"济南英雄"荣誉称号。

济南战役于洪铎的评功原始资料

1948年
济南市博物馆藏

共有3页，前2页黄纸上，蓝色钢笔书写17行字，第一行为"二班战士于洪铎：团同意建议立特等功，1948.9"，下有内容五条，讲述了于洪铎在战斗中的具体英勇表现。第3页的用纸为"第二绥靖区司令部用笺"，反面用钢笔书写19行字，第一行"常胜连二班二组于洪铎"，下面是其事迹介绍，最后一行"建议评特等功"。

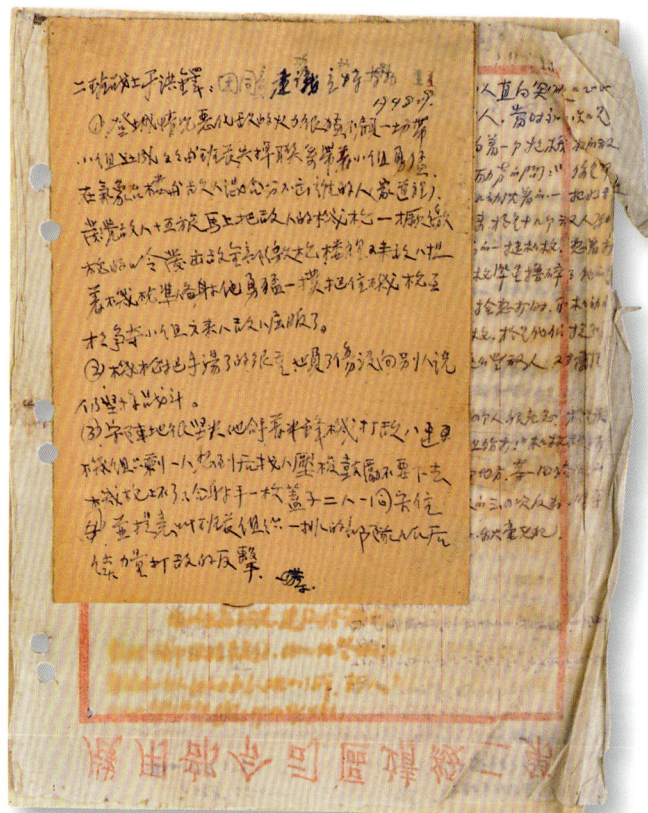

济南英雄于洪铎的功模报告表

1948年
济南市博物馆藏

　　功模报告表主要呈现于洪铎当时在二三五团三营十二连申请三等功时提报的主要功绩、模范事迹，以及支部意见等信息。

孙照功

1925—2012

中国共产党党员。济南战役中，解放军经过八天八夜的激烈战斗，全歼国民党守军10.42万余人（其中俘敌61870人，起义2万余人，毙伤23420人），俘国民党军第二绥靖区司令官王耀武、副司令官牟中珩和国民党山东党部主任委员庞镜塘等国民党高级党政军人员23名，取得了重大胜利。解放军也付出了沉重代价，官兵伤亡2.6万人。1948年10月9日，谭震林在关于济南战役情况综合报告致毛泽东等同志电说："109团百余伤员不愿失掉战机，阻塞突破口坚决不下火线，让后续部队从自己身上踏过去而牺牲；连续负伤三四次，仍继续作战也众。73团首先突入城内，两个连大部阵亡。"

济南战役后孙照功肺部取出的弹片

解放战争时期
济南市博物馆藏

此文物是孙照功参加济南战役时肺部受伤后取出的弹片。

济南战役中解放军突击队冲进敌第二绥靖区司令部大厦

李云诚

1917—2021

红军老战士，开国大校。湖南双峰人。1936 年参加湘赣边区红军游击队。解放战争时期，任华东野战军第十纵队二十九师八十七团副政治委员兼政治部主任。1948 年在开封、淮杞战斗中，任第三野战军第二十八军八十四师八十四团政委，连续参加了莱芜战役、济南战役、淮海战役、渡江战役等战役。1949 年 5 月解放上海后，随所在部队奉命南下进军福建。

李云诚的战时笔记本

解放战争时期
济南市博物馆藏

李云诚的工作笔记，笔记本里如实地记录了济南战役时他不断总结党的建设、武装斗争、军队建设、政治工作、群众工作、统一战线工作等经验；如实地记录了他亲自经历的我党我军全心全意为人民服务，艰苦奋斗，无私奉献，不怕牺牲，克服困难，战胜敌人，去夺取胜利的英雄业绩等。李云诚自参加红军后，就坚持写日记，一直写到1949年9月福州解放。

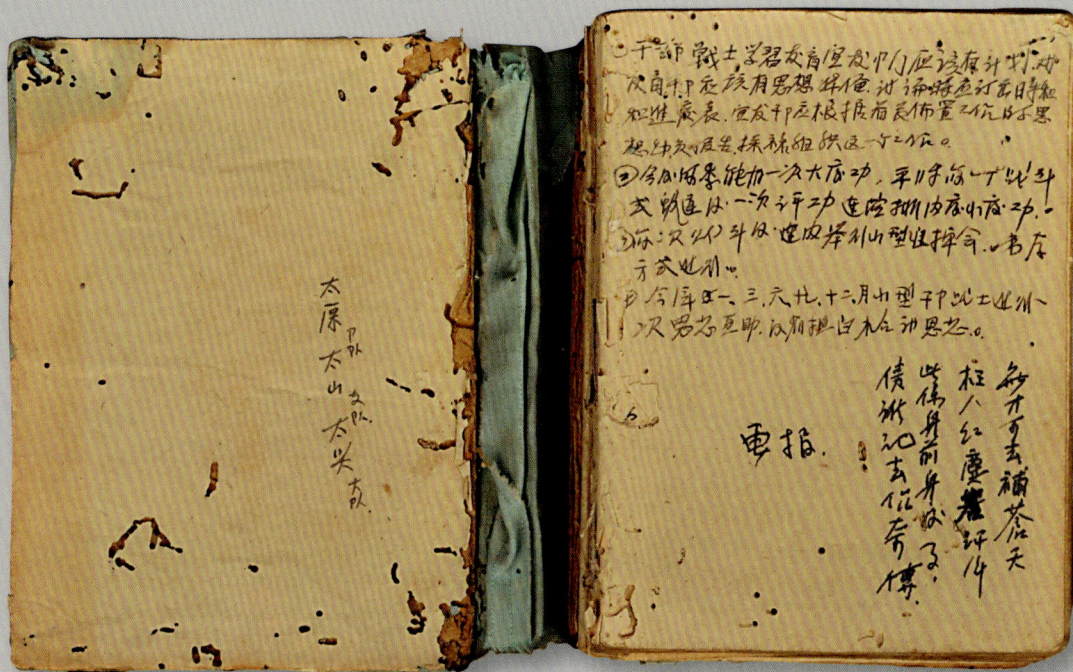

济南战役时潘玉良写给父亲的信

1948年
济南市博物馆藏

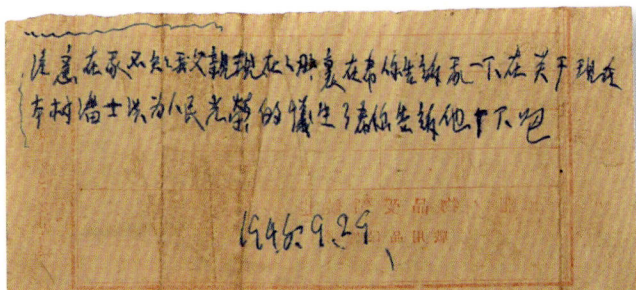

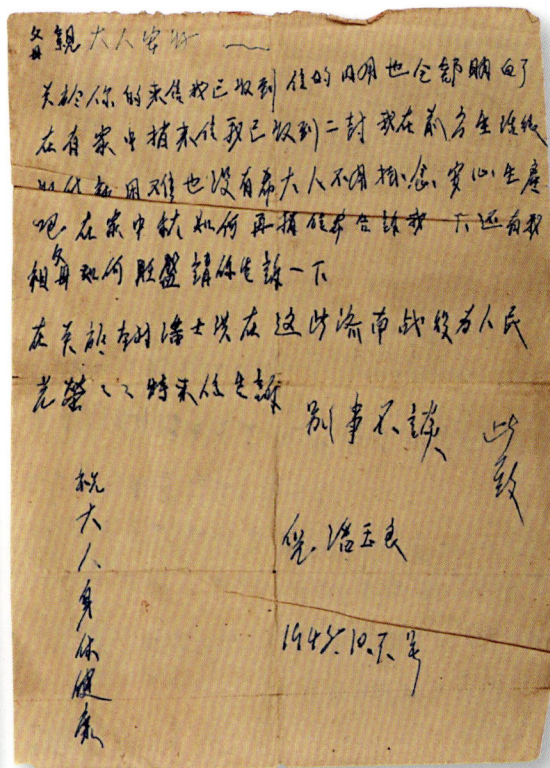

　　潘玉良在济南战役后寄给老家的一封信，信上说明了战斗的情况和潘士洪牺牲在济南战役中的消息。

　　信的大致内容如下。

　　父母亲大人安好：

　　关于你的来信我已收到，信的内……也全部明白了。在有家中捎来信，我已收到二封。我在前方生活……困难也没有。希大人不用挂念，安心生产吧。在家中……如何再捎信，希告诉我一下。还有我祖父母如何……请你告诉一下。在关于……潘士洪在这些济南战役为人民光荣……特来信告诉，别事不谈。

　　此致
祝大人身体健康

　　　　　　　　　　　　　　　　　　儿潘玉良
　　　　　　　　　　　　　　　　　　1948.10.3号

　　注意在……不知我父亲现在……在希你告诉……一下，在关于现在本村潘士洪为人民光荣的牺牲了，希你告诉他一下吧。

　　　　　　　　　　　　　　　　　　1948.9.29

🚩

"济南战役立功单位"记录表

1948年9月
济南市博物馆藏

　　此为济南战役胜利后二四七团立功表现的记录
情况。分别记录了获得特等功、一等功、二等功、
三等功的各个单位。

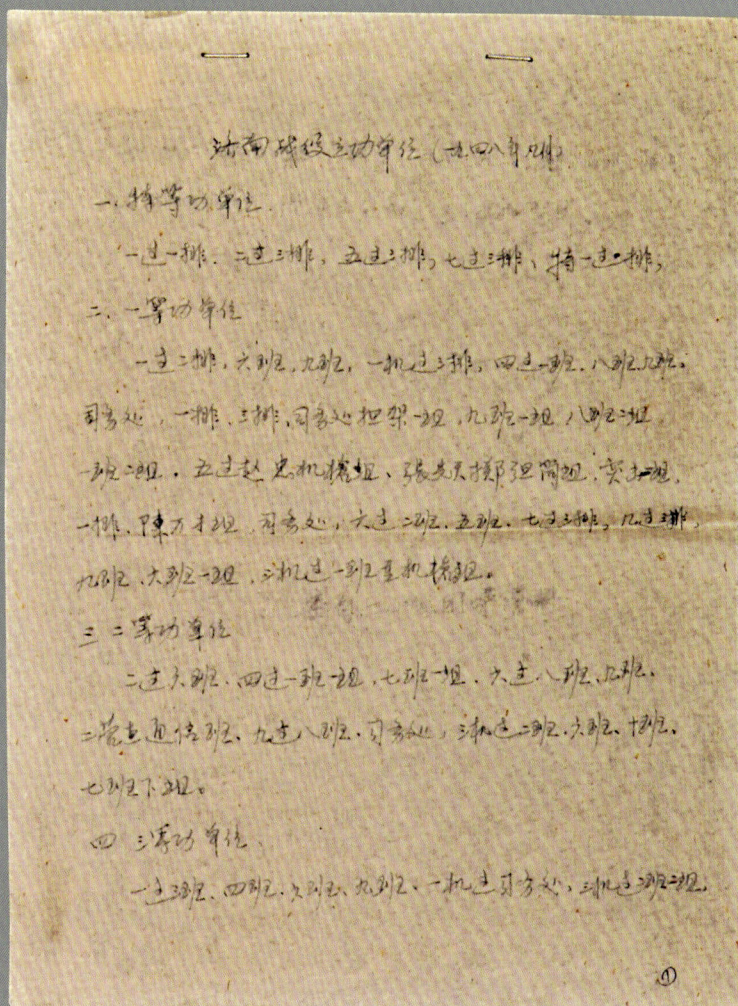

济南解放纪念馆位于济南原古城墙东南角的解放阁内。阁址为 1948 年济南战役人民解放军攻克济南时的攻城突破口处。后旧城城墙因城市建设而拆除时，济南人民特意在这里的旧城址上，建起了巍峨壮观的解放阁，以纪念济南解放。1986 年 9 月 24 日落成。

解放阁

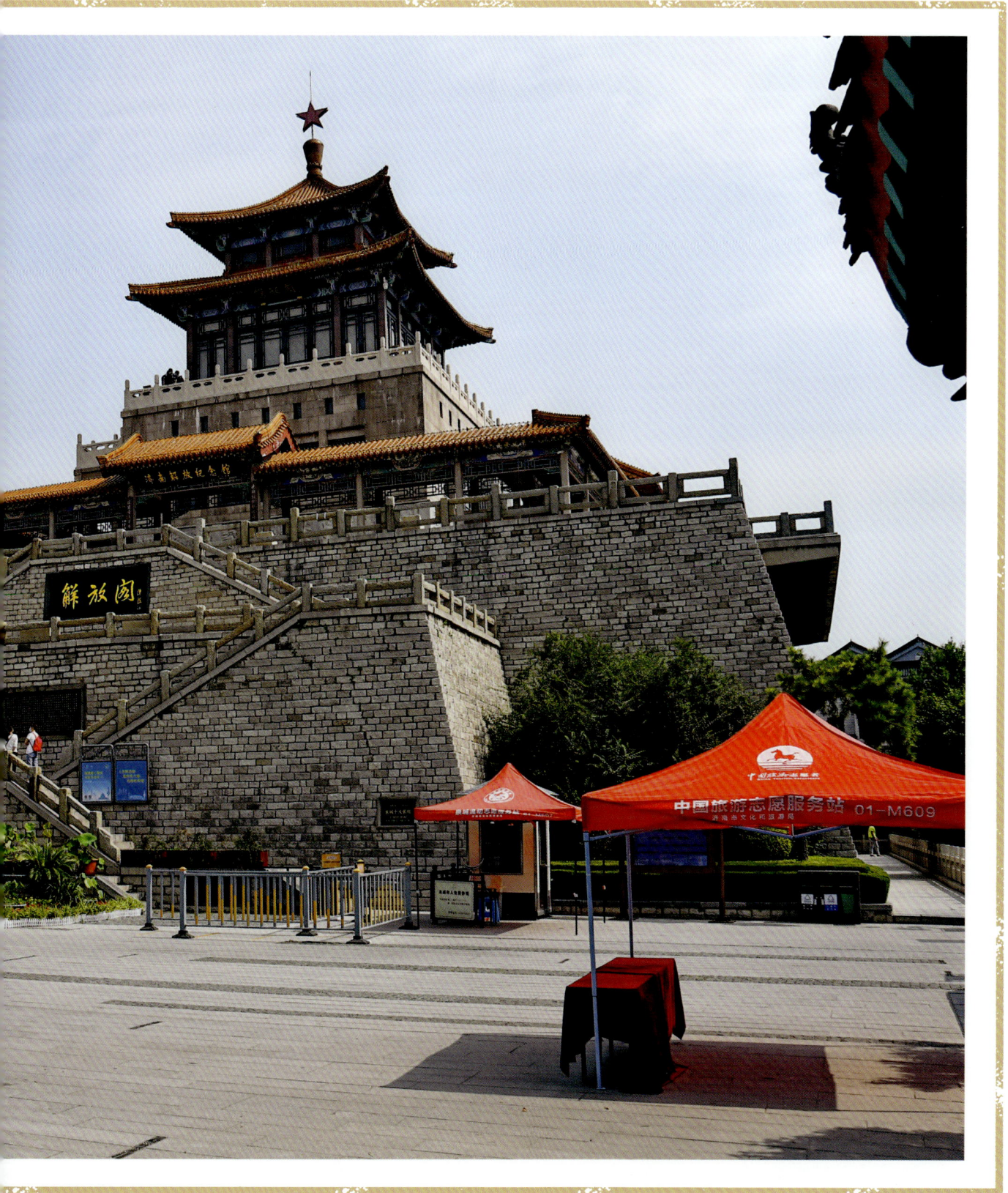

华东野战军十纵"济南连"
用过的苏制望远镜盒

1948年
济南革命烈士陵园（济南战役纪念馆）藏

济南战役中华东野战军十纵"济南连"使用过的苏制望远镜盒。在1948年济南战役中，华东野战军十纵二十九师八十五团二营五连出色完成了攻占永镇门的艰巨任务，为解放济南作出了重要贡献。济南战役胜利后，五连荣获华东野战军前委授予的"济南连"称号。

华野九纵司令员聂凤智使用过的军毯

1948年
济南革命烈士陵园（济南战役纪念馆）藏

华东野战军第九纵队司令员聂凤智使用过的军毯，在济南战役期间聂凤智一直随身携带和使用。

🚩

朱德在冀鲁豫视察工作时
使用的椅子

1948年
冀鲁豫边区革命纪念馆藏

　　1948年5月，朱德来到冀鲁豫边区，视察在这里进行新式整军运动的华东野战军和冀鲁豫边区党委工作。5月20日，朱德总司令到达冀鲁豫边区党委驻地观城县十王庙村，详细讲述了解放战争近两年来取得的重大胜利，指出目前已进入决战决胜的关键时刻，希望冀鲁豫边区的党政军民搞好土改、整党、扩军、支前，以夺取更大的胜利。该藏品为十王庙杨行村杨宜民家用的椅子。当时司令部设在杨宜民家。

黎玉使用过的日式望远镜

解放战争时期
山东博物馆藏

　　我军缴获的日本产"Zuiho Tokyo"望远镜，
解放战争时期黎玉使用过。

陈毅、张茜夫妇使用过的皮箱

解放战争时期
华东野战军总部旧址暨新四军军部旧址纪念馆藏

皮革制造。陈毅、张茜夫妇从两淮到山东使用过的皮箱。1946年6月至1947年2月，陈毅、张茜夫妇在临沂前河湾村居住8个多月。1947年2月，张茜离开前河湾村时，为感谢房东对她们一家人的照顾，把陈毅和她使用过的皮箱送给房东作为留念。她还多次嘱咐孩子们："你们不要忘了沂蒙山区，不要忘了前河湾，那里有你们的父老乡亲，那里有你们的兄弟姐妹。"

2007年新四军军部旧址纪念馆恢复开放时，老房东将此皮箱转赠给纪念馆。

陈毅、张茜夫妇使用过的皮床

解放战争时期
华东野战军总部旧址暨新四军军部旧址纪念馆藏

　　枣木架构，床屉是用牛皮条编成的网状面。
1946年6月至1947年2月陈毅、张茜夫妇在临沂前河
湾村居住期间所使用。

陈毅的军帽及陈毅、张茜夫妇的胸章

20世纪50年代初
华东野战军总部旧址暨新四军军部旧址纪念馆藏

陈毅曾佩戴过的军帽，1950年1月4日，经党中央亲自审定、中央军委批准实行新的军服样式，简称50式军服。50式军服是中国人民解放军最早的全国统一的军服。陆海空三军干部军服均用棉平布制作，以服装颜色、大檐帽帽徽图饰区分军种。全军干部、战士均戴大檐帽。1954年我国开始实行军衔制，因此我军于1955年10月1日面向全军装备了新式服装，即55式军衔服装。1955年以后军帽为大檐帽配正圆形"八一"红五星帽徽。

陈毅、张茜的胸章，华东军区发放，1953年佩用。

此套藏品为2017年7月28日华东野战军纪念馆开馆时，陈毅女儿丛军捐赠。

孟良崮战役陈毅指挥所

孟良崮战役陈毅指挥所旧址。该旧址位于沂水县城西40公里夏蔚镇双山村东。1978年6月公布为县级文物保护单位，2006年12月被临沂市人民政府公布为市级重点文物保护单位。2015年6月山东省人民政府公布为第五批省级重点文物保护单位。

陈毅使用过的铁壶

1947年
沂水县博物馆藏

　　该铁壶是解放战争时期，陈毅在沂水县双山村指挥孟良崮战役时使用过的烧水用壶。

　　沂水县双山村属小王庄，东临王庄河，西、北两面环山，南近泰石公路。指挥所设在双山村东一农户的两间北屋里，出屋向东20米有一深沟直通王庄河，在沟的上端搭一防空洞，陈毅白天在防空洞内、晚上在草房内指挥孟良崮战役。孟良崮战役胜利后，部队集结在指挥所东王庄河滩召开了庆功大会，组织了军民联欢会。

陈毅用过的木床

解放战争时期
沂源县革命烈士陵园（革命历史纪念馆）藏

　　四周为木板、卯榫结构。陈毅在山东沂蒙山区指挥战斗时使用。由南鲁山镇党委、政府捐赠。

谷牧用过的军毯

1946年
沂蒙革命纪念馆藏

　　棉麻织成，半条军毯。1946年秋，在阻击战中部队在野外深夜宿营，谷牧将军毯让给了自己的警卫员李美林，自己在寒风里躺了一夜。后来，谷牧让李美林到部队去锻炼，将这条军毯一分为二，给李美林一半留作纪念。2014年李美林捐赠。

刘涌

1914—1972

江西兴国人，1930年参加中国工农红军，次年加入中国共产主义青年团，1932年加入中国共产党。历任红一军团连长、连政治指导员、团特派员等，参加了中央苏区反"围剿"和长征。后任八路军山东纵队团政治委员、团长，胶东军区东海军分区司令员、军区副司令员，华东军区第三十二军副军长等职务。青岛解放后，任青岛接管委员会委员、青岛警备区司令部副司令员。中华人民共和国成立后，任中国人民解放军军长，华东军区、济南军区装甲兵司令员，济南军区副司令员等职务。1955年被授予少将军衔。

三十二军副军长刘涌在解放青岛时指挥作战用的望远镜

1949年
青岛市博物馆藏

青即战役前敌副总指挥、中国人民解放军将领刘涌在青即战役中指挥作战时使用的。镜头底座上标有"Carl Zeiss, Jena"的字母，是德国著名军用望远镜生产商卡尔·蔡司公司制造生产的。20世纪70年代，由刘涌的爱人王佩荷女士捐赠。青即战役自1949年5月3日至1949年6月2日，历时一个月，国民党在山东及华北地区的基地被彻底摧毁。

刘涌在青即战役前编写的教学用军事书籍《参谋工作》

1947年
青岛市博物馆藏

　　《参谋工作》共两册。刘涌在青即战役前为战士们学习编写的军事书籍，华东军区司令部翻印。这套《参谋工作》是刘涌在高级参谋训练队讲课的提纲，为应初级参谋训练队教学的需要而整理成初稿，后经多次修改出版。书籍主要是解决参谋工作中的一些问题。内容大致包括：参谋人员应该做什么和怎样做。取材根据实际需要，比较通俗易懂。

青即战役烈士生前使用过的笔记本

解放战争时期
青岛市博物馆藏

青即战役18位烈士生前使用过的各种笔记本，共24本。其中一位烈士在某年10月10日的笔记中写道："什么叫伏击战？它是一种战术手段（也就是一种方法）击敌不意，被（备）而不防为原则下给敌人严重打击。"又将伏击分为三类：首先是待伏，事前了解敌人情况，等敌人进入伏击圈歼灭敌人；其次是诱伏，用小部队引诱敌人到大部队埋伏圈，消灭敌人；最后是围城打援，将敌人进行围困，估算好敌人支援部队的路线，布置阵地将敌人消灭。

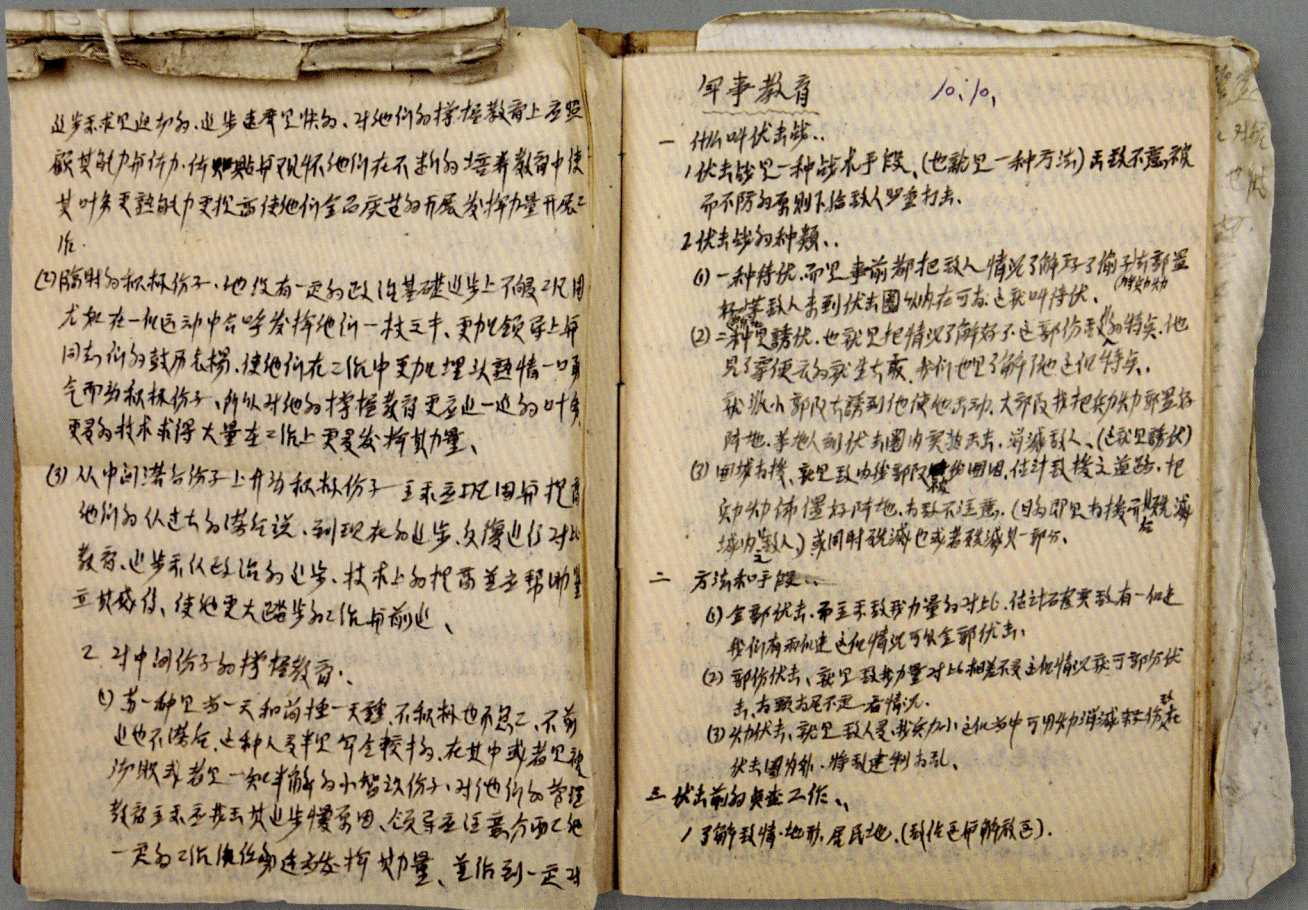

奖给兖州战役我师登城第一班
"勇敢机智 迅速秘密"锦旗

1948年
济南市博物馆藏

1948年夏，中共中央军委指示华东野战军山东兵团出击津浦铁路中段，由北向南逐步歼灭泰安至临城（今薛城）各点守敌，进逼徐州，打通与鲁西南的联系，从战略上配合华东野战军西线兵团的夏季作战。据此，山东兵团司令员许世友、华东野战军副政治委员兼山东兵团政治委员谭震林组织部队针对国民党军兵力部署的弱点，首先对津浦铁路中段各要点发起攻势。

至6月20日，山东兵团各部先后攻占泰安、大汶口、曲阜、邹县（今邹城）等地。7月1日，山东兵团包围兖州。至7月12日17时发起总攻，先以各种火炮进行火力准备，压制守军火力，摧毁老西门、新西门城墙及纵深工事；山炮抵近射击，打开突破口；步兵在炮火掩护下实施连续爆破，连续突击。山东兵团七纵六十团一连率先攻上兖州西城墙。至20时30分多路突破城垣，而后多次击退守军反扑，迅速向纵深发展。守军见大势已去，仓皇向东突围。经一昼夜激战，山东兵团于13日18时攻克兖州，将城内守军及突围的部队全部歼灭，俘整编第十二军军长兼整编第十二师师长霍守义。战后被师司令部、政治部授予师登城第一班"勇敢机智 迅速秘密"光荣称号，特发锦旗。

1948年5月29日至7月15日，山东兵团举行兖州战役，先后攻克泰安、兖州、新泰、大汶口、邹县、曲阜、济宁等地，共歼敌63600人。

勇敢機智　迅速秘密

崞給 交州戰没裁師登城第一班

司令部
師政治部　贈

北海一团团长使用过的文件箱

解放战争时期
烟台市博物馆藏

解放战争时期北海一团团长使用过的文件箱，外刷绿漆，正面绘红色八一五星。北海一团是解放战争时期的胶东保卫战我军参战部队之一。

胶东保卫战是发生在1947年9月至12月，华东野战军一部在山东省胶东地区对国民党军发动的一次反击作战，历时4个月，其间胶东解放区共12.8万青年参军参战，20万民兵配合主力作战，46.9万人次参加支前，为战役胜利提供了人力、物力和后勤保障。此役，共歼灭国民党军6.3万余人，彻底粉碎了其对胶东的进攻，改变了山东战局，有力地配合了西线兵团在外线的战略进攻。

西海民兵野战爆炸队第三分队队旗

解放战争时期
烟台市博物馆藏

锦旗为三角形，旗面为红布，镶白布牙边，旗面自上往下分三行分别用白布贴绣"西海民兵 野战爆炸队 第三分队"，其中"野战爆炸队"字体较大，其他两行较小。"第三分队"靠近旗面另一角。

解放战争时期，掖南县（今属莱州市）调集全县民兵爆炸能手组建西海爆炸队，任命史校民为队长，周兴昌为党支部书记。爆炸队根据上级部署，配合西海独立一团，在平西三埠和掖南沙河一带阻击敌军。西海爆炸队配合胶东主力部队，解放掖县后，又多次奉命出征朱阳、高密、张店等地，为争取解放战争的全面胜利作出了积极的贡献。

高嵩山

1926—

　　山东博兴人。曾任《群众报》、新华社渤海分社、渤海日报社记者，山东省广播电视局原高级记者。1941年参加革命。1941—1946年，从事宣传文教工作。1947—1949年，历任新华社渤海分社、渤海日报社记者。《群众报》是中共清河地委（后为中共清河区委）的机关报，创刊于1939年夏。当时，报社只有4人，发行不定期的油印小报。同年秋，《群众报》与清河军区的《前线报》合并，改为石印16开的日报，报社扩大到40多人。1940年驻博兴县的纯化镇，后迁往广北的牛庄、北隋。1941年，群众报社迁至垦区八大组。1944年1月，群众报社与原冀鲁边区冀鲁日报社合并，建立渤海日报社。《渤海日报》改为日刊，4开4版，每期印数2500份。1945年8月，渤海日报社由垦区迁往惠民县。1950年4月25日渤海区撤销前夕，《渤海日报》正式停刊。高嵩山在报社跟随党政军机关转战南北，在硝烟炮火中宣传党的路线方针政策。

高嵩山的职员证

解放战争时期
东营市垦利区博物馆（含渤海垦区革命纪念馆）藏

　　高嵩山的职员证，清河地委会中华民国三十八年八月二十日填发。

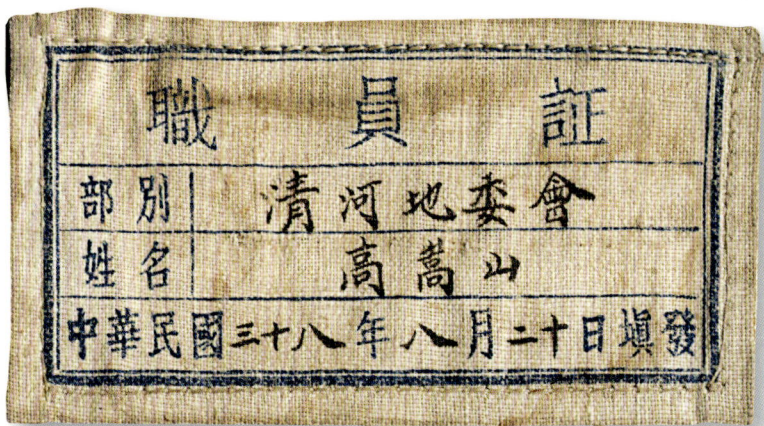

高嵩山的工作笔记

1947年

东营市垦利区博物馆（含渤海垦区革命纪念馆）藏

高嵩山的工作笔记本。其中记录了1947—1953
年期间他参加的各种会议、清河地委工作决定、工
作报告和工作计划等。

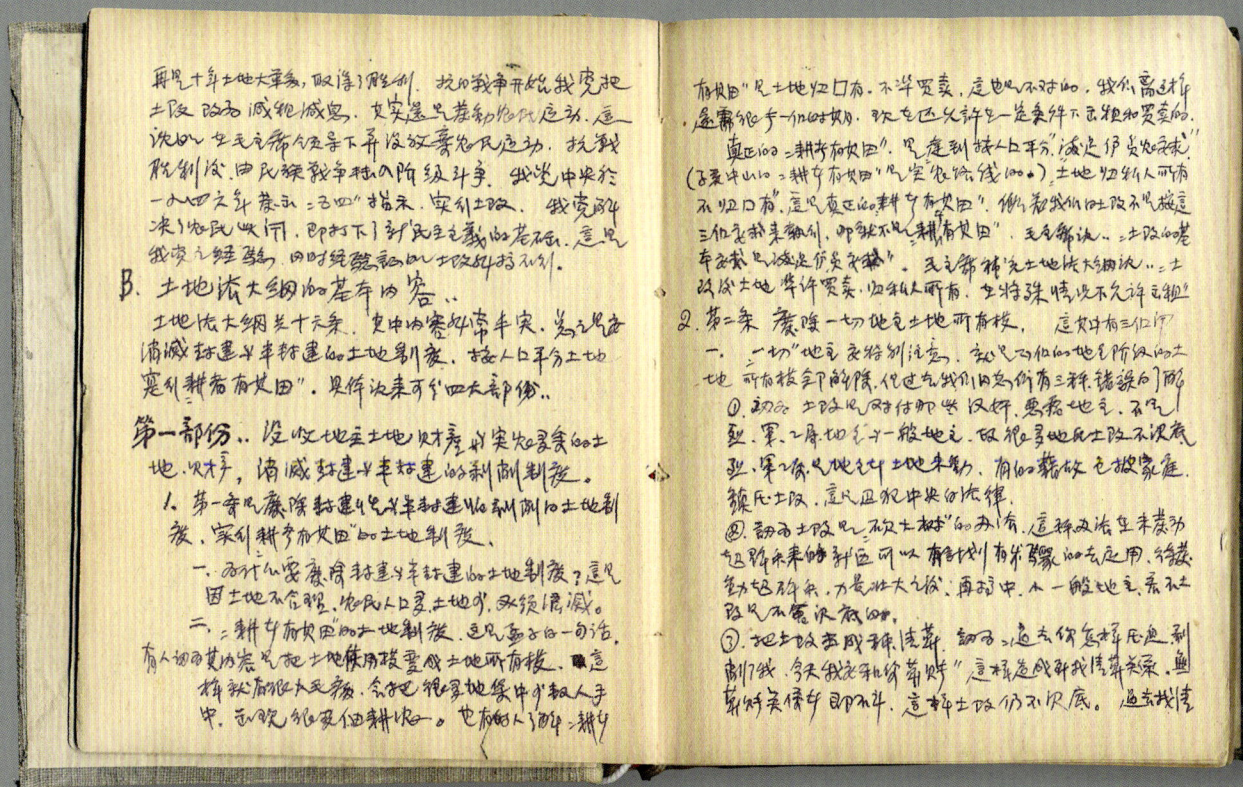

高嵩山的枪证

解放战争时期
东营市垦利区博物馆（含渤海垦区革命纪念馆）藏

　　高嵩山的枪证，由渤海行政区公安局发给外勤记者高嵩山，三把匣枪，枪号639076。

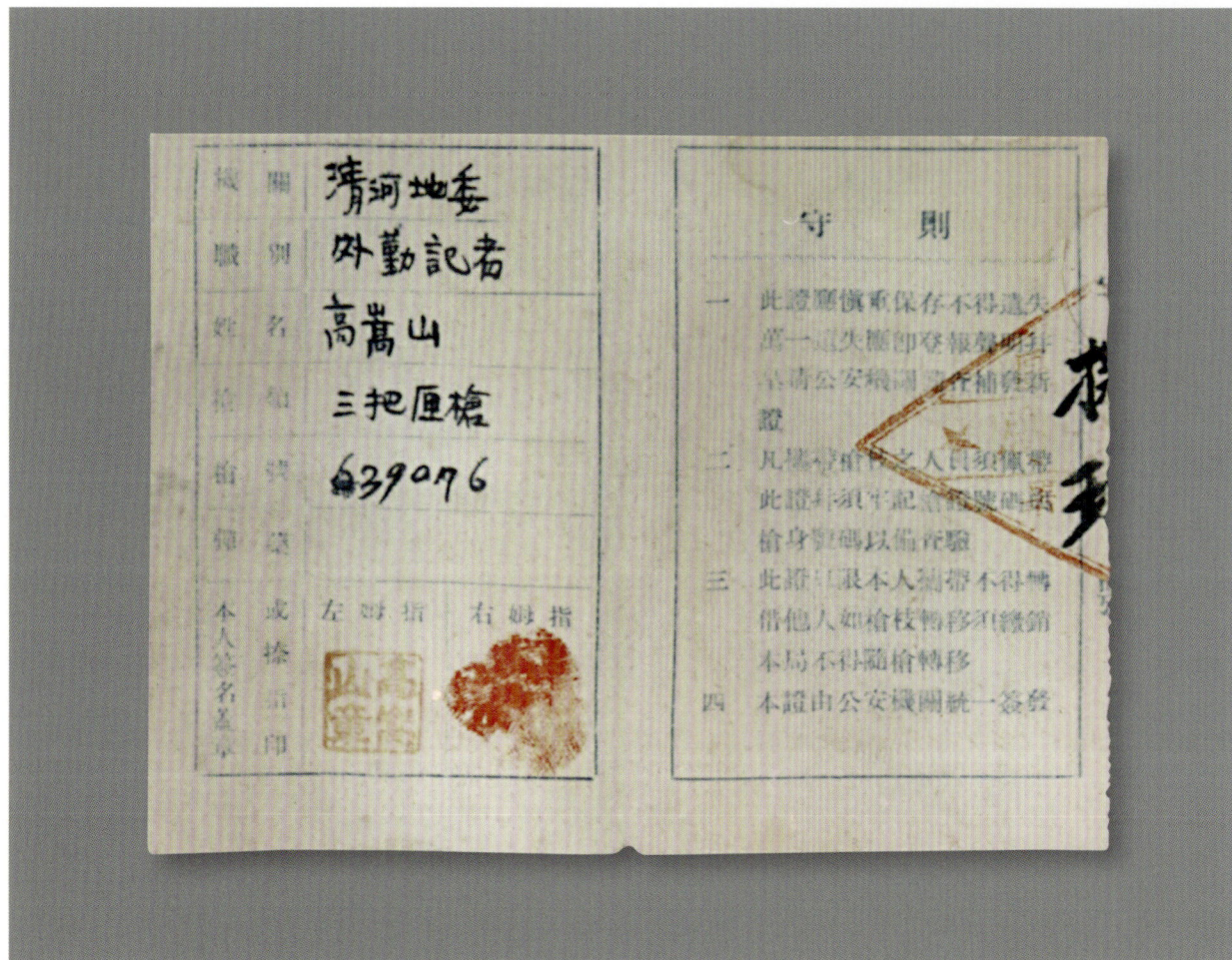

渤海军区副司令员廖容标
使用过的照相机

解放战争时期
山东博物馆藏

　　该照相机是解放战争时期廖容标使用过的，为
德国著名生产商卡尔·蔡司的产品。

张元寿

1913—1947

　　福建永定人。1927年投身于革命斗争，1928年参加龙岩"后田暴动"。1929年加入中国共产主义青年团。同年奉命回乡开展农运工作，并于8月上旬组织"田地暴动"，担任田地赤卫大队大队长。1930年春，赤卫大队编入红十二军后，历任排长、副连长、连长等职，同年底，转为中共党员。1934年中央红军开始长征，过黎平，张元寿由总供给部调先遣司令部，负责筹集军需物资。1935年，调任总供给部财政处处长。1939年9月开始，张元寿先后调任教导队队列科科长、防务处处长，担任军部代理参谋长，新四军第二师新五旅参谋长。1946年7月苏中"七战七捷"后，张元寿调任华中野战军司令部副参谋长，分管后勤工作。1946年冬，张元寿调任华东野战军副参谋长兼华东军区副参谋长，先后参加了盐城、阜宁、涟水反击战和鲁南战役、莱芜战役，后在解放周村战斗中光荣牺牲。

张元寿使用过的牛皮手枪套

抗日战争时期
沂蒙革命纪念馆藏

张元寿使用过的公文包

抗日战争时期
沂蒙革命纪念馆藏

　　牛皮制成。此件公文包是张元寿同志生前随身携带的办公用品。张元寿长期在后勤战线上工作，经他过手的粮、钱、物不计其数，但他从不私自动用一分。此件公文包虽多处磨损，但张元寿依然使用如常，可见其不忘初心、牢记使命的革命精神。

张元寿使用过的皮箱

解放战争时期
沂蒙革命纪念馆藏

牛皮制成。张元寿随身携带并使用的皮箱。

张彤

1920—1989

原名张祖元，河南信阳人。1938年参加革命工作，同年3月加入中国共产党。抗战时期，在灵璧、淮北苏皖边区参加过反"扫荡"斗争和反顽斗争。历任延安抗日军政大学学员，河南确山新四军留守处政治处干事，新四军六支队政治指导员、营教导员、组织股股长、政治处主任，新四军第四师十一旅三十一团政治处主任，淮北苏皖边区泗（县）五（河）灵（璧）凤（阳）县委书记，新四军第四师十二旅三十五团政委，豫皖苏军区独立旅政治部主任，二野十八军五十四师参谋长。解放战争时期先后参加了豫东战役、渡江战役和解放大西南战役等。中华人民共和国成立后，他一直从事外交工作，是中华人民共和国成立后被首批选派出国担任武官的优秀干部之一。先后任驻丹麦、瑞典、印度和尼泊尔大使馆武官，驻刚果（利）大使馆临时代办（参赞），外交部第一亚洲司司长，驻巴基斯坦、埃及和联邦德国大使，总参谋部外事局局长等职。1955年被授予大校军衔、二级独立自由勋章和二级解放勋章，1988年7月被授予中国人民解放军独立功勋荣誉章。

冀南军区三分区指挥员张彤使用的公文包

解放战争时期
冀鲁豫边区革命纪念馆藏

孙茂生

1904—1982

　　济宁鱼台人，临城铁道游击队的主要创始人，抱犊崮山区通往湖西秘密交通线的开辟者之一，曾任鲁南铁道大队中队长。1939年3月，孙茂生与秦明道动员任秀田、孟庆海等活动在铁道线上的抗日武装领导人，联合组建临城铁道队，归属中共沛滕边县委领导。同年6月，沛滕边县委任命孙茂生为临城铁道队队长。1940年7月，枣庄、临城两地的铁道队合并为鲁南铁道大队，孙茂生被任命为第二中队中队长。1945年10月，新四军入鲁后，孙茂生和指导员张再新率短枪队为新四军当向导兼破路技术指导。他们充分运用人熟、地形熟和铁道游击战术高超的有利条件，为新四军到达鲁南歼灭日、伪军创造了良好的条件。1946年鲁南铁道大队番号撤销，他先后担任鲁南军区特务团二营副营长、山东军区侦察部队队长。

鲁南军区城防卫戍司令部外出证

1946年
铁道游击队纪念馆藏

　　布料材质。印有"鲁南军区城防卫戍司令部外出证，第××号"。此证为孙茂生战争年代使用，由其子孙景章捐赠。

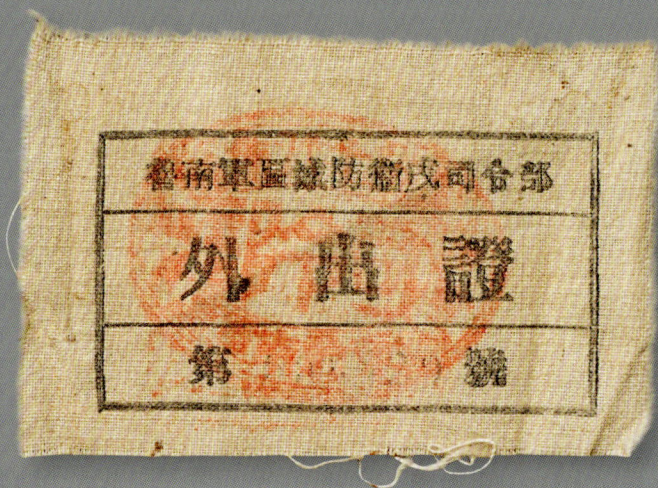

余晨

原名张雨辰，山东肥城人。1940 年参加革命工作，同年加入中国共产党。1942 年参加中共冀鲁豫区党委党校整风，1943 年任冀鲁豫区濮县县委组织干事。1944 年 9 月后先后任中共冀鲁豫第八、二、七地委组织部干事、干部科科长，1947 年 4 月任中共昆山县委宣传部部长，1948 年 6 月任中共冀鲁豫第七地委办公室主任，1949 年 9 月任中共平原省委研究室科长。1953 年 1 月任中共华北局农村工作部办公室副主任，1954 年 4 月任华北局电管局计划处处长，后任电力工业部计划司处长。1958 年 4 月入清华大学学习，1962 年 4 月任北京电业管理局党委副书记、副局长，1978 年 9 月任民政部人事局副局长，1980 年任国家人事部副局长，1982 年 5 月任劳动人事部老干部局局长。1985 年离休。

余晨的学习笔记

解放战争时期
冀鲁豫边区革命纪念馆藏

笔记记录了解放战争时期我党政治教育等方面的工作内容。

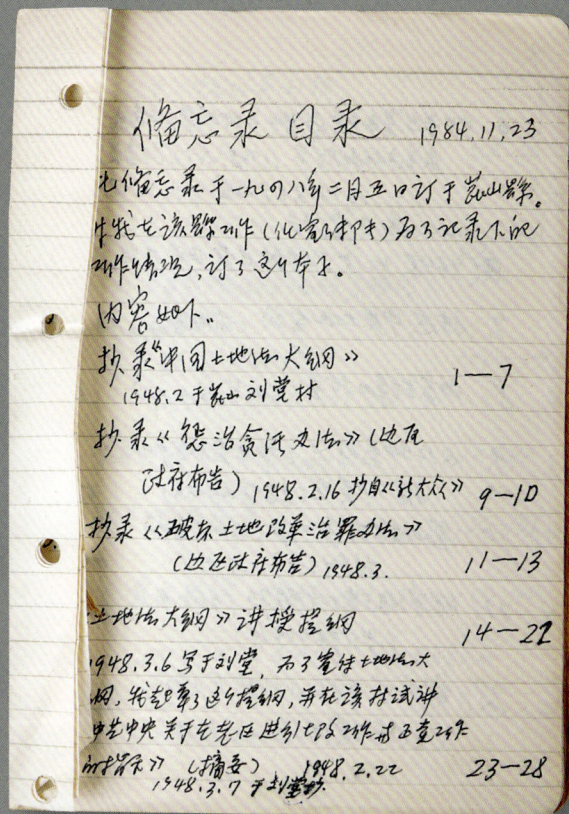

东北军政大学十一期毕业证章

解放战争时期
山东博物馆藏

　　圆形，铜质。证章正面居中铸一圆圈，内有一骑兵形象。上有东北军政大学校风"团结　紧张　活泼　严肃"，证章下半缘为蓝色底纹，宋体阳铸"东北军政大学十一期毕业证章"十三字。背面偏下阴刻编号"04233"。

冀鲁豫军区第七军分区出版
《运河报》（1937年4月13日战时版）

1947年
冀鲁豫边区革命纪念馆藏

　　冀鲁豫军区第七军分区出版，记录了地方的武装斗争，主要刊登文章有《高度发扬为人民服务的精神　汶上大队击溃优势敌人　追击十数里　毙伤敌二十余名》《英勇奋斗的南旺武工队》《汶上区在敌频繁活动下　保卫人民坚持苦斗》《汶上民兵刘冠三等智勇果断　开河街里巧技捉敌哨》等文章。

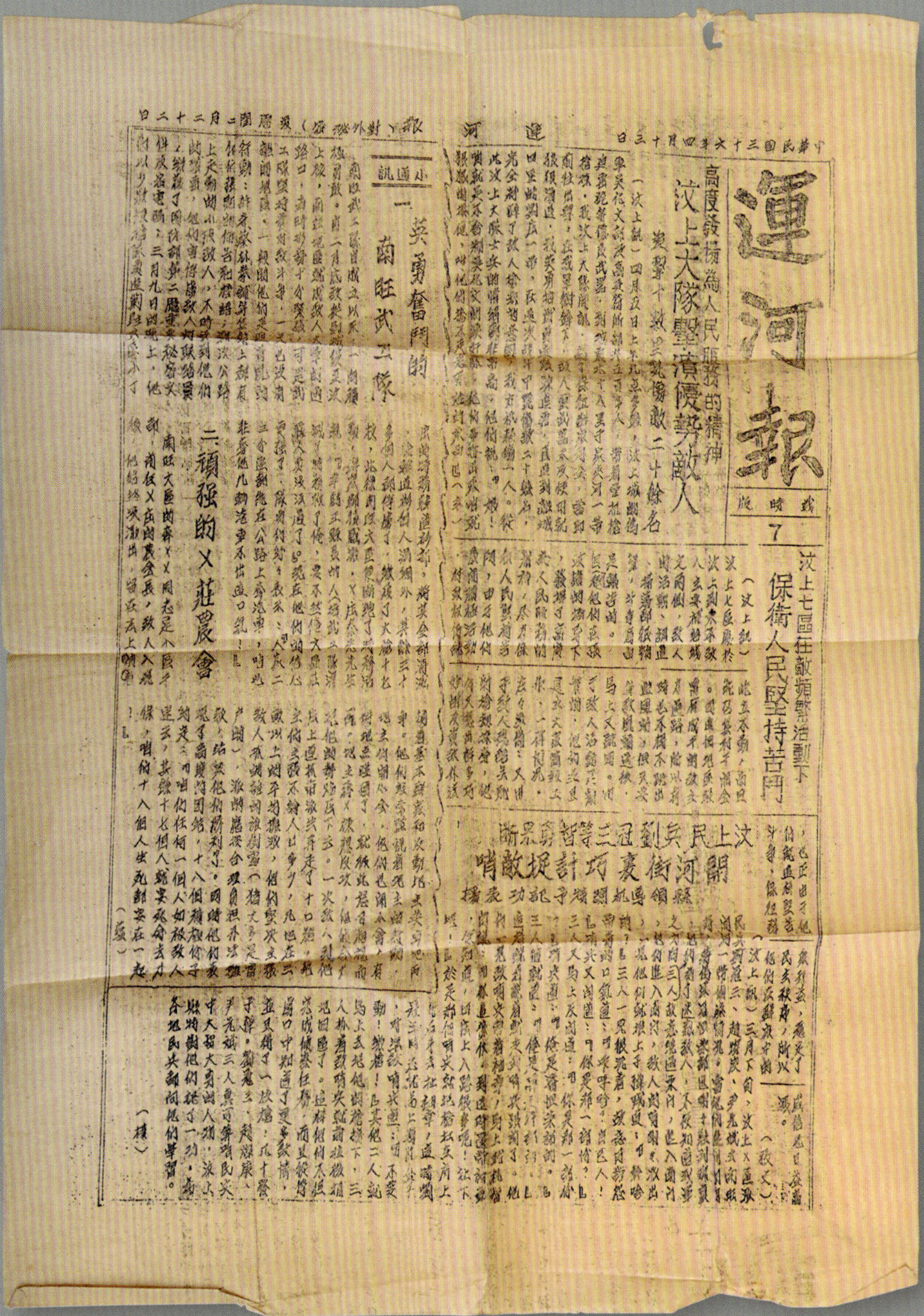

運河報

南下干部郭莲芳穿过的蓝布褂

解放战争时期
冀鲁豫边区革命纪念馆藏

　　南下干部郭莲芳穿过的蓝布褂。解放战争后期，北方地区大部解放，人民解放军挥师南下后，攻占了南方各省份。因江南地区历来是国民党的统治区，我党干部严重缺乏。在这种情况下，党中央从军队和北方的解放区挑选了一大批优秀干部支援南方地区建设。

鲁西某地委机关全体人员欢送南下干部合影

段凤甲的解放战士入伍通知书

1948年
菏泽市烈士陵园（菏泽市抗日纪念馆）藏

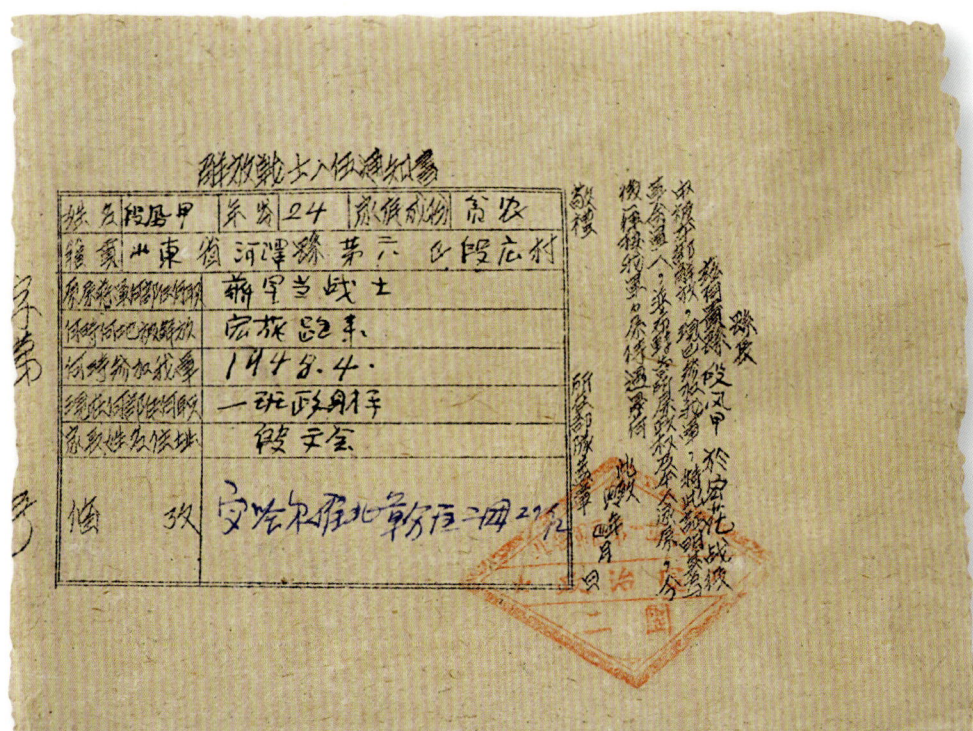

1948年4月山东菏泽段凤甲的解放战士入伍通知书。通知书上详细记载了姓名、年龄、家庭成分、籍贯、原系蒋军何部任何职、何时何地被解放、何时参加我军、现在何部任何职、家长姓名住址、备注等信息。右侧标注段凤甲于宏花战役中被解放，现参加我军，特此证明其为革命军人，并希转告所属政权及本人家属，今后一律按我军待遇。右下盖有所在部队红色印章。

入伍的青年向群众表决心

李宏炎的军人服役证

1949年
菏泽市烈士陵园（菏泽市抗日纪念馆）藏

　　1949年5月15日，由江汉军区政治部颁发。内容如下："兹有本部李宏炎同志在神圣的人民解放战争中参加中国人民解放军，现正为打倒国民党反动派解放全中国而奋斗。敬希我当地民主政府告慰其家属，并予以革命军属待遇为感。"

皇甫亚超

1916—1951

　　山东菏泽人，1944年加入中国共产党。曾任菏泽县长明区副区长、菏泽县顺河区区长、安陵县民政科科长、梁山县民政科科长、菏泽专署劳动科科长。抗日战争期间，皇甫亚超积极发动群众，开展抗日救亡运动，为鲁西南抗日根据地的巩固和发展作出了贡献。任区长期间，他带领民众开展了声势浩大的生产救灾、减租减息运动，巩固了统一战线。任安陵县民政科科长期间，他执行党的"一手拿枪，一手分田"的指示，组织领导群众进行土地改革、减租减息，整顿建立健全村级组织，动员参军支前，加强地方武装建设，开展对敌斗争等活动。淮海战役打响后，他组织民众送粮上前线，并担负战地勤务，"部队打到哪里，就支援到哪里"。1951年皇甫亚超任菏泽专署劳动科科长，同年8月在梁山县抗洪救灾中为救群众不幸因公殉职，后被追认为革命烈士。

皇甫亚超用的牛皮包

1947年
菏泽市博物馆藏

　　本系日军制式文件包，为皇甫亚超从国民党败军手中缴获并使用。包为牛皮材质，包盖外侧上有一用麻线绣成的五星图案。1947年缴获此包后，皇甫亚超便用来盛放工作文件。

王登仑

1921—1948

山东菏泽人。1938 年参加革命，次年加入中国共产党。抗日战争时期先后任抗日区队长、区长、县大队副大队长。他采取灵活机动的策略，先后三进菏泽城，打击反动势力。他带领队伍在仿山伏击日、伪军，取得胜利。解放战争时期王登仑任菏泽县独立营营长，在平汉战役中以一营兵力阻击数倍于己的敌人，使敌遭到严重打击。1948 年 9 月在解放菏泽的战斗中，王登仑光荣牺牲。杨得志为王登仑烈士题词"青邱英杰"。

王登仑烈士曾使用的"马到成功"环首刀

1948年
菏泽市博物馆藏

王登仑所用过的钢刀。卍字护手，环首，近护手处錾刻"马到成功"四字。1948年8月，根据冀鲁豫区委的指示，菏泽地区开展表彰英模活动，王登仑因屡立战功获评英雄模范，冀鲁豫军区奖励此刀。1990年7月，王登仑烈士的堂弟王登亮捐赠。

王一民

1919—1947

原名王福寿，曾用名王振寰。山东招远人。1933年考入了招远中学。1936年考入益都师范学校。1938年初，王一民邀集几个志同道合的同学到寿光县加入八路军鲁东抗日游击队第八支队。1939年9月底，中共招远县委送王一民到八路军山东抗日游击队胶东五支队军政干校政治班学习。1942年初，奉调去胶东军区青年营任营长。同年初秋，由胶东军区青年营调军区敌工部工作。1944年冬，王一民从青岛返回后，晋升为胶东军区大股伪军工作团团长。1945年5月，王一民奉命以胶东军区联络部特派员的身份，前往青岛市负责青岛地下党的工作，为日本投降后我军接收青岛提供军事情报和培养内应力量做好准备。1946年7月14日，王一民外出途经北京路时，被国民党特务认出，不幸被捕。1947年4月22日英勇就义，年仅28岁。

王一民烈士曾使用过的红旗

解放战争时期
青岛市革命烈士纪念馆藏

焦裕禄

1922—1964

　　山东淄博人。兰考县原县委书记，干部楷模，革命烈士。1937年七七事变爆发，日本帝国主义发动全面侵华战争。12月30日，日军侵占了博山县城。1938年为了维持生计，焦裕禄辍学，1939年至1941年在家种地、卖油、下煤窑，替父母挑起了家庭的重担。桃花峪煤井就是胶济铁路张博支线昆（昆仑）桃（桃花峪）线的终点。矿工下煤窑一个班是24小时，每班每人领四两电石，每日井下劳作报酬是四斤煎饼，但矿工要带着三斤煎饼下井，当作口粮，剩下的一斤才是给家里人挣的口粮。电石灯见证了焦裕禄苦难的矿工生活。

焦裕禄当煤窑工人时用过的电石灯

抗日战争时期
淄博市焦裕禄纪念馆藏

　　焦裕禄在抗日战争时期在博山八陡黑山后桃花峪煤井工作时用过的电石灯。

焦裕禄当民兵时用过的枪

解放战争时期
淄博市焦裕禄纪念馆藏

　　焦裕禄当民兵时用过的步枪。1945年，通过民兵队长焦方开的介绍，焦裕禄加入了民兵队伍。抗日战争胜利后，焦裕禄回到博山老家，1946年1月在博山北崮山村加入了中国共产党。很快成为民兵队骨干分子。他带领民兵队研制石雷，主动承担起民兵队里最危险的侦察任务，智取县保安队将要配合国民党部队血洗崮山的重要情报，为八路军主力部队回防争取了宝贵时间。

　　焦裕禄第一次参加实战，是在解放博山县城的战斗中，带领民兵队积极配合山东军区第九师。焦裕禄手持步枪冲锋在前，表现出了非凡的智慧和魄力。1947年2月，焦裕禄随民兵连调鲁中武装部，配合华东野战军八纵参加莱芜战役。在首战青石关伏击战中表现英勇。莱芜战役胜利后参加了区武装部工作，参与领导民兵连与国民党军顽固势力的边沿斗争。1947年6月，博山县武装部选派焦裕禄等20余人到华东军政大学学习。后参加了南麻战役、临朐战役。1947年10月，作为第一批南下干部，焦裕禄离开家乡，奔赴中原。

焦裕禄在彭店农会会长家坐过的圈椅

1948年
淄博市焦裕禄纪念馆藏

焦裕禄生前坐过的一把圈椅。1947年秋，中共中央华东局按照中共中央指示，决定从解放区抽调一批政治思想作风好、有一定指挥能力和工作经验的干部随军南下支援前线。时年25岁的焦裕禄被抽调参加渤海地区南下工作队——淮河大队。1948年，淮河大队到达尉氏县，焦裕禄被分配到尉氏县彭店区，开展剿匪反霸和土改工作。

为了做好发动群众的工作，焦裕禄多次到当时的农会会长马建寅家中沟通，经常坐在这把圈椅上给马建寅讲党的政策，后来马建寅就把这把圈椅作为传家宝留存了下来。2018年，马建寅的儿子把这把圈椅无偿地捐献给淄博市焦裕禄纪念馆。这把圈椅是焦裕禄坚持群众路线，发动群众、依靠群众的见证。

剿匪反霸时期焦裕禄写给张书盈的亲笔信

1949年
淄博市焦裕禄纪念馆藏

　　1949年1月13日，焦裕禄写给尉氏县张书盈（司法科长）请求枪决李心营的信件。1948年2月，焦裕禄随豫皖苏党委土改工作团来到河南省尉氏县。不久被派到彭店区工作，任区委委员、区分队指导员，土改工作队队长。1948年8月至1950年2月，焦裕禄先后任大营区副区长、区长兼武装部部长，领导开展剿匪反霸与土改工作。当时正是土匪恶霸横行的时期，大营区最大的土匪就是黄老三。焦裕禄一边打土匪，一边搞土改、分田地，与当地群众打成一片，因此，焦裕禄成了土匪的眼中钉。黄老三曾指使手下头目李心营、李新堂等土匪偷袭区部，焦裕禄事先得知情报活捉了李心营等人。这封亲笔信见证了焦裕禄在这一特殊历史时期，为苦难大众求解放，扶正祛邪，勇斗顽匪恶霸的过程，体现了焦裕禄大无畏的斗争品格和愈挫愈勇的革命意志。

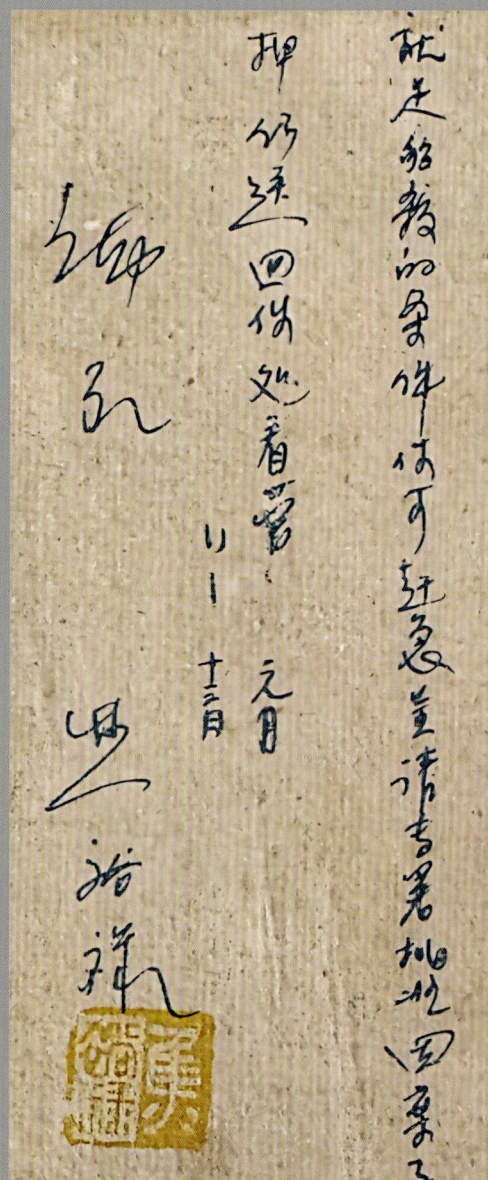

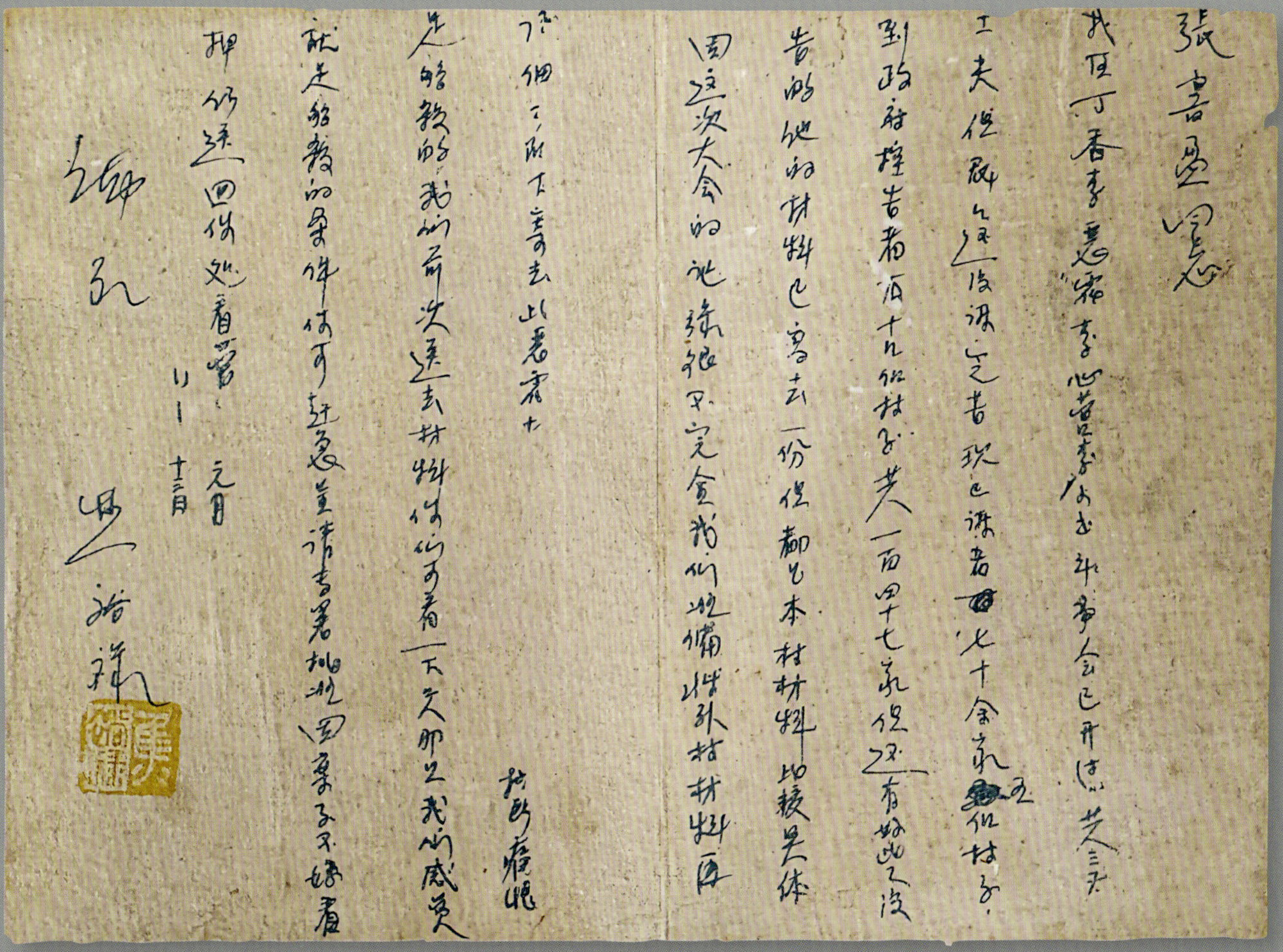

张书臣同志：

我正可看到思密表心情高兴，对于会已开过这芝兰天

工夫促成这样决定者现已诱者七十余名……这样子

到路许程告者所十九种材子芝一百四十七类但又有好此之没

告的地的材料已寄去一份但……也本材料比较具体

因这次大会的地纬记不完全我们地備……材料再

告的地的材料已寄去此者……

足够教的我们前次送去材料你们可看一下久即之我们感觉

你细…所下事去此者专士

就是给教的各样你样可赶急且请书看挑地因象子不好看

押你送回你处看看

一元日

十一月

珍祥

焦裕禄在尉氏县对土匪黄老三的判决书

1949年
淄博市焦裕禄纪念馆藏

这封判决书见证了焦裕禄在尉氏县智斗恶霸、为民除害的事迹。1948年11月，焦裕禄担任尉氏县大营区副区长兼武装部部长。大营区是远近闻名的土匪聚集地。焦裕禄单刀赴会与头号土匪头目黄老三斗智斗勇，最终将其抓获。1949年6月15日，大营区政府对黄老三进行了公审，依法判处黄老三死刑。此后大营区人心稳定，土改工作也得以顺利地开展。

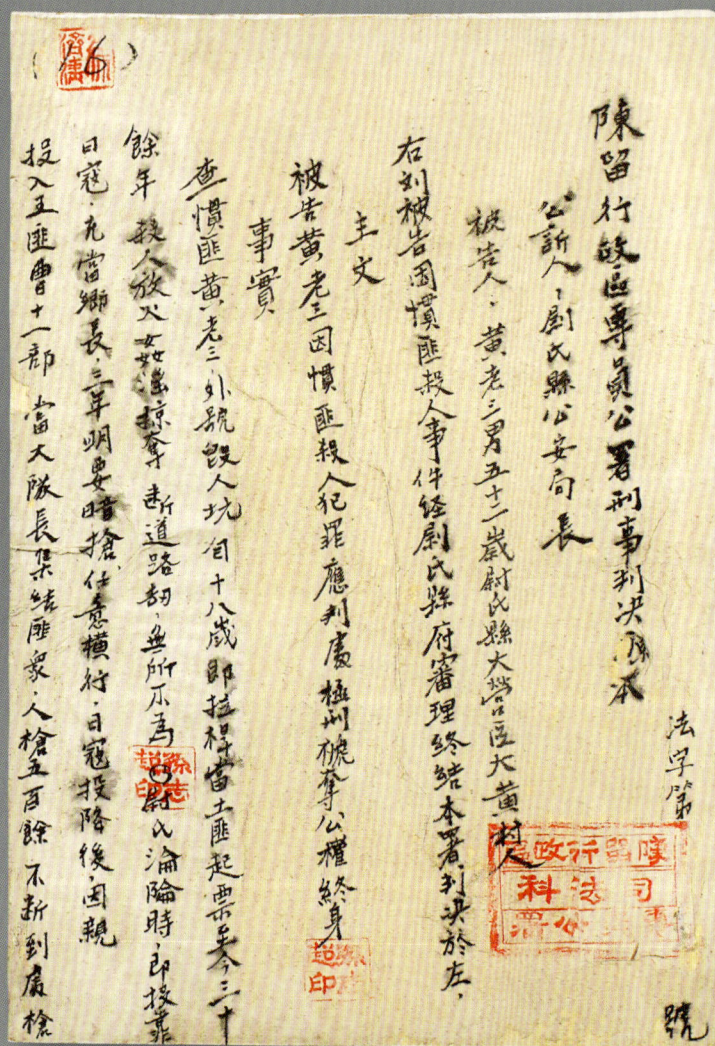